秦汉政治与罗马帝国政治

武晓阳　倪滕达　著

人民出版社

丛 书 编 委 会

目　录

序　言
秦汉与罗马

潘　岳

《历史的终结》作者福山近年来多次撰文指出，中国制度具有"强大的国家能力"，中国从秦汉开始就建立了世界上最早的"现代国家"，先于欧洲1800年①。"现代"是指一套非血缘、依法理、科层明确、权责清晰的理性化官僚体系。

与秦汉同时是罗马。欧洲史上，凡是追求建立大规模政治体时，无不以罗马为精神象征。从查理曼大帝到神圣罗马帝国，从拿破仑到第三帝国。就是在今天，世界秩序还被人视为"美国治下的和平"（Pax Americana）②，其词源正是"罗马治下的和平"（Pax Romana）。

秦汉与罗马作为两个都建立在农业社会之上的超大规模

---

① 参见福山：《政治秩序的起源》，毛俊杰译，广西师范大学出版社2014年版；福山：《政治秩序与政治衰败》，毛俊杰译，广西师范大学出版社2015年版。

② 参见 H. L. Lee, "The endangered Asian century", *Foreign Affairs*, 2020, 99（4）, pp. 52-64。

政治体，都需要处理土地兼并和小农破产的关系、中央和地方的关系、政权与军阀的关系、上层与基层的关系、本土文化与外来宗教的关系。但两者的结果完全不一样。罗马之后再无罗马，只有信仰基督教的欧洲封建列国。而秦汉之后却继续兴起了隋唐大一统王朝。

相似的基础，相似的挑战，不同的路径，不同的结果，是本文的主题。

一、两大文明

（一）秦汉基层之治

2002 年，在武陵山脉湘西龙山里耶镇，考古学家们挖出了一座秦朝小城。在一口废井里，发现了数万枚行政文书竹简（里耶秦简）。这是继秦始皇兵马俑之后第二个重大发现，使人们能近距离观看秦代基层政权。

里耶古城，是秦征服楚后设立的"迁陵县"。城很小，只有一个大学操场那么大。全县人口不过三四千。秦朝在这里居然设立了完整的一县三乡机构，在编官吏多达 103 人①。这些秦吏组织人民开垦荒地，但毕竟高山深谷田地少，费了牛

———————

① 参见湖南省文物考古研究所等：《湖南龙山里耶战国——秦代古代一号井发掘简报》，《文物》2003 年第 1 期；湖南省文物考古研究所等：《湘西里耶秦代简牍选释》，《中国历史文物》2003 年第 1 期；湖南省文物考古研究所：《里耶发掘报告》，岳麓书社 2007 年版，第 179—217 页。

劲才达到户均 35 古亩，还不到当时"一夫百亩"通制的三分之一。税率只有 8.3%①，相当于十二税一，比周代的"十税一"还少。一个县每年新增的税收，只相当于 6.5 户人家一年的口粮。从经济角度讲，为这样一块土地设置这么多官吏很不值。

但秦吏要的不是税收。考古学家清理出一支竹简，记录了当地深山里发现的一种并非丰产的植物"枳枸"（俗称"拐枣"），但秦吏仍认真描述了它的性状、位置、产果情况，录入了官方档案（"下广一亩，格广半亩，高丈二尺。去乡七里。卅四年不实"）。这体现了一种不遗余力探明山川物产的使命感。秦吏们一步步开发国土、编户人民、画出地图交给上级的"郡"。"郡"再将下属各县的地图合并成"舆地图"，上报到朝廷归档阅存。秦吏们除了促进生产，还要处理纷繁复杂的民政司法事务。秦法非常完备，不光有法条，还有判例，还有上诉制度。小吏们必须严格依法工作。如每份文书都要同时抄送多部门留底查验；如轻事重判和重事轻判，都属于"不直"之罪，法条互相抵牾时，还要层层上报等仲裁。在 2000 年前，就把基层行政搞到如此精细化世所仅见。

县乡小吏还常轮岗。在里耶秦简的伤亡名册上，记载着多名小吏累死病死于任上②。103 人的编制，长期缺额 49 人。

---

① 参见陈伟主编：《里耶秦简牍校释》第 1 卷，武汉大学出版社 2012 年版，第 7 页。

② 参见《里耶秦简·吏物故名籍》，简 8-809；简 8-1610；简 8-938+8-1144。

秦把天下驱使得很苦，把自己驱使得同样苦。但也只有这种玩命苦干的"苛政"，才能在短短14年里实现车同轨、书同文、行同伦，整治山川，修建路网。这些使后面几十代人受益的基础设施，成本却由这一代人背负。人民牺牲之惨烈，心灵之痛苦，连天下一统的成就都不能抚平。历史评价，从来不只是道理，还有感情。秦灭亡时，天下没有人爱它。

项羽灭了秦后希望恢复分封制。他不想管理如此大的天下，只想回到熟悉的水土做封建王侯。而打败项羽的刘邦却拒绝退回分封，反而沿袭了秦制大一统。他与项羽最大的不同，项羽是贵族，他是小吏，当过沛县的一个亭长（相当于派出所长）。他的骨干集团大多也是小吏，萧何是主吏，曹参是牢头。他们最清楚帝国的基层与上层如何结合；他们最熟悉郡县制的运作；他们最明瞭庶民的需求；他们最洞悉维系大一统的奥秘。所以在攻入咸阳时，萧何不要金银财宝，只抢夺秦廷收藏的律令、地图和编户册。汉朝正是依靠这些资料才重建了中央集权郡县制。

基层政权出天下。这是秦汉之所以能建成世界最早现代国家的原因。

（二）罗马国家之治

和秦汉同时，罗马崛起为地中海霸主。

秦汉与罗马，是欧亚大陆东西两头大致同期的古代文明。两者的人口与地域规模也相似。罗马帝国晚期，其囊括的环地中海人口大致是 5000—6000 万①。秦汉的人口（西汉末年标准）也在 5000—6000 万②。

很多人认为，中国是黄色农业文明，希腊罗马是蓝色商贸文明，似乎从源头就有优劣之分。并非如此。从 1960 年代开始，西方古史学界的共识是，从公元前 500 年到公元后 1000 年的希腊罗马都是农业社会，商贸只是很小的补充。"土地是最重要的财富，社会结构中家庭占据首位，几乎所有人都以经济自足为目标。大多数财富来自土地的租金和税收。贸易规模狭小，即便商人因贸易发财，也会将所得投资于土地。真正的城市人口从不曾超过总人口 5%，而且城市是作为消费中心而非生产中心存在。"③ 这跟秦汉非常相似。

希腊出哲学家，罗马出农民加战士。罗马大兵打遍地中海，只求退役后有块土地，回去种橄榄与葡萄。就像秦汉的大兵，打仗是为了日后能"解甲归田"。

罗马公民看不起商业，贸易和金融是被征服民族才干的营生。在罗马共和国黄金时代，商人不能进元老院。贵族征战得来的财富都是购买土地搞大庄园。农业不是谋生，而是田园生活之歌。秦汉更是如此，农为本，商为末。商人很少做官，而文人的官做得再大，理想仍是"耕读传家"。

---

① 参见 A. H. M. Jones, *The Later Roman Empire*, Oxford: Blackwell, 1964, pp. 284-602。

② 参见班固：《汉书·地理志》，中华书局 1999 年版，第 1309 页。

③ 参见芬利：《古代世界的政治》，晏绍祥、黄洋译，商务印书馆 2016 年版，第 VII 页。

罗马人搞不出缜密的宗教和科学，所长是工程、战争和国家治理。希腊留下的遗迹是神庙、竞技场和剧场，而罗马留下的是凯旋门、斗兽场与浴场。秦汉也一样。关注现实、经营国家、修筑长城、发明火药，但始终不以逻辑学与科学见长。

希腊是西方文明的精神基因，罗马是西方文明的政治基因。罗马超越希腊城邦政治，建立了宪制官僚体制与司法体系，塑造了早期的西方市民社会。无论是共和还是帝制，罗马都是西方大规模政治体在观念、制度、法律上的政治源流。英国革命时的"大洋国"蓝图有着罗马共和国的影子；法国革命时期的罗伯斯庇尔们有着罗马共和英雄的影子；美国参议院与总统制有着元老院和首席执政官的影子。直到20世纪，美国右翼学界还在争论，建国原则到底遵循罗马式古典共和，还是启蒙运动的民主自然权利。在西方政治文明中，罗马的魅影从未消失过。

二、罗马共和

（一）土地与内战

公元前206年，在中国楚汉相争的同时，罗马正进行与迦太基名将汉尼拔的第二次布匿战争。之后用了50余年，罗马终于灭亡了迦太基，肢解了马其顿，成为了地中海霸主。重要的是，在称霸过程中，罗马始终维系着共和制。

史家波利比乌斯说，罗马的成功是因为实行"混合政制"，融合了王权制、贵族制、民主制。执政官代表王权，元老院代表贵族，公民大会代表民主。执政官掌握对外军事权，元老院掌握财权，公民大会掌握否决权，三种力量互相制衡。罗马人相信，各方利益冲突是保证自由强大的"必要罪恶"①，且"冲突"最终必能达成"团结"。罗马早期的冲突确是温和可控的。比如，罗马平民战士和元老院做斗争的方式，是在打仗前"集体罢工"提条件，元老院也愿意做出妥协让出部分权利，因为战争胜利与殖民扩张会带来更大利益。近200年时间里，罗马共和制度内，不论执政官、贵族和平民吵得多么厉害，面对外患时总能团结起来。

直到公元前一世纪，罗马人突然发现，冲突变得不再容易妥协了。公元前88年到公元前31年，罗马进入"内战时期"。②马略和苏拉斗了6年；庞培、凯撒、克拉苏斗了16年③；安东尼、雷必达、屋大维又斗了13年④，在西汉成帝年

---

① 马基雅维利认为，是"平民和罗马元老院之间的不和，促成了共和国的自由与强大"。参见马基雅维利：《论李维》，冯克利译，上海人民出版社2005年版，第56页。

② 参见 Nic Fields, *The Roman Army: the Civil Wars 88-31 BC*, p. 53。

③ 参见特奥多尔·蒙森：《罗马史》第四卷，李稼年译，商务印书馆1994年版，第287页。

④ 参见 Nic Fields, *The Roman Army: the Civil Wars 88-31 BC*, p. 53。

间（公元前 27 年）[①]，罗马最终转变成帝制[②]。为什么过去 150 年内军人从不打内战，现在却要刀口向内你死我活呢？

因为土地。

一个半世纪的海外征服，罗马的权贵们将巨量的奴隶和财宝带回本土，产生了大规模的"奴隶大庄园农业"。"大庄园"的效率技术远超小农，以致大批小农破产，并将土地卖给权贵富豪，加剧了土地兼并。罗马平民，渐渐成了罗马贫民，最终成了罗马流民。流民最好的出路就是当兵。哪个将军能带回更多的战利品，罗马战士就为哪个将军而战，想打谁都成。为国家而战的公民兵变成了将军们的雇佣兵。

罗马政治没有调节土地兼并的能力。过去曾有一条法律，要求征服来的土地应在贵族与平民间公平分配，并规定贵族拥有的土地上限，但这条法律从未被执行过。[③]凡是想执行这条法律的人，哪怕是贵族也会被杀，如格拉古兄弟。

在王权、贵族、平民三种力量中，最强大的还是贵族。从公元前 232 年到公元前 133 年一百年间，罗马共和国的 200 名执政官出自于 58 个贵族世家。[④]这种可以"造王"的

---

① 参见崔瑞德、鲁惟一编：《剑桥中国秦汉史》，杨品泉等译，中国社会科学出版社 1992 年版，第 211 页。

② 参见 H. F. 乔洛维茨、巴里·尼古拉斯：《罗马法研究历史导论》，薛军译，商务印书馆 2013 年版，第 4 页。

③ 参见马基雅维利：《论李维》，冯克利译，上海人民出版社 2005 年版，第 142 页。

④ 参见芬利：《古代世界的政治》，晏绍祥、黄洋译，商务印书馆 2016 年版，第 83 页。

世袭贵族，在中国称之为"门阀"。选举制度不但没能削弱门阀，反而加强了门阀。因为选举需要动员投票。门阀庇护了大量人口，又有钱贿买选票，最有机会选上保民官。

马基雅维利说，罗马贵族愿意在荣誉上向平民让步，但在财产上从来分毫不让斗争到底。[①] 在内部分配土地，是天不怕地不怕的罗马人最害怕的事。反正都要打仗，还不如对外殖民。史家芬利说："只要可能，罗马人宁愿殖民，而不是重新分配土地。殖民是消除内战最好的安全阀，也是政治平静和稳定的关键。"[②] 正因如此，罗马流民最终投奔了军阀。只有军阀能够从对外战争中拿到土地，也只有军阀能强迫元老院给士兵分配土地。

在政客无法取得共识的地方，军阀登场了。

（二）以自由的名义

在前三头与后三头争雄时期，有一个哲学家和雄辩家始终贯穿其中，他是西塞罗，是古典共和之父，是伏尔泰和孟德斯鸠的精神偶像。

但西塞罗不是贵族，而是"骑士"。所谓骑士，出自希腊罗马"有财产者出骑兵"的习俗。骑士古而有之，但作为

---

① 参见马基雅维利：《论李维》，冯克利译，上海人民出版社 2005 年版，第143 页。
② 参见芬利：《古代世界的政治》，晏绍祥、黄洋译，商务印书馆 2016 年版，第 140 页。

一个财富阶层，是在罗马小农破产的废墟上发家的。他们虽有钱，却很少有贵族的从政资格。

西塞罗是个例外——他是雄辩天才。他曾跟随希腊雄辩大师学习，大师教完他后落寞地说，我为希腊感到悲伤，因为希腊唯一的荣光也转归罗马。学成后，他依靠雄辩术成为大律师，用二十年广结人脉，最终以法律领袖的身份赢得竞选，成为执政官（公元前63年）[①]，一度被尊称为"罗马国父"。

西塞罗在罗马政坛呼风唤雨，"前三头"与"后三头"的命运都与他相关。有人因他而死，有人因他而败，有人因他而名垂史册。

凯撒死于西塞罗。

刺杀凯撒的布鲁图斯，虽然是凯撒的"继子"，精神之父却是西塞罗。在凯撒遇刺前的几个月内，西塞罗不断给这个年轻人灌输：刺杀暴君乃真英雄，血缘越近越英雄。相当于中国的"大义灭亲"。最后，布鲁图斯一边挥刀冲向凯撒，一边呼喊着"西塞罗"的名字。此时元老院人人都在，就西塞罗不在。

凯撒死后，西塞罗转头全力对付其继承人安东尼。很多罗马史家认为，挑起这场内战完全没必要。因为安东尼并不想走独裁老路，一心想和元老院共治罗马。他不仅压住狂怒的军队为凯撒"复仇"的请求，还宣布不追究共和派刺杀者

---

① 参见西塞罗：《论共和国》，王焕生译，上海人民出版社2005年版，第3页。

的责任。从人伦道义来说，这是对凯撒的背叛；从国家层面而言，是一个军头对共和秩序的主动服从。但作为共和派领袖，西塞罗不但不接招，反倒一边让共和派到东方行省招募军队，一边鼓励屋大维叛乱。

屋大维此时只 19 岁，属政治边缘人物。他是凯撒的财产继承人，但不是政治继承人。他想取安东尼而代之，便用私财召集了 3000 名老兵进军罗马。对安东尼的合法政权而言，屋大维的私军形同叛逆。他唯一的指望，就是西塞罗能引导元老院将"反叛"合法化。西塞罗欣然同意。他在元老院发表了一系列著名的《反腓力辞》，把安东尼定性为"发动内战"，把屋大维定性为"保卫共和"。

由此，屋大维的小部队配合着元老院的大军，在穆蒂纳战争中击败安东尼。但英雄气终究藏不住。元老院惊奇地发现，自己的数万大军更愿受屋大维的领导。恐惧之下，元老院立即解除了屋大维的兵权。屋大维的政治生涯本应到此结束，也不会有日后的奥古斯都。

孤立无援的屋大维，呼唤西塞罗为"父亲"，恳求与西塞罗搭档竞选罗马执政官。他赌咒发誓，当选后由西塞罗一人说了算，自己甘当马前卒。63 岁的西塞罗打量着乳臭未干的屋大维好半天，又一次同意了。这真是再造之恩，因为执政官的年龄要求 40 岁以上，屋大维至少要等 20 年。

在汹涌的反对声中，西塞罗以无与伦比的资历人脉，疏通了元老院，招募了大量选票。他押上了人格担保，"我发誓、我担保、我保证，'小凯撒'一定会像今天一样，永远保持一个'公民'的本色"。

后面的事众所周知。

屋大维当选执政官后，立刻抛弃了西塞罗，转头与安东尼和谈，以"后三头"同盟瓜分了罗马政权。安东尼恨西塞罗入骨，要求取其性命作为联手条件。屋大维毫不犹豫地同意了。

普鲁塔克记录下了这位雄辩家生命的最后时刻——他盲目地奔逃，在马车窗中不断回头张望追兵。安东尼的大兵们手起刀落砍下了西塞罗的头颅，悬挂在他经常发表宏论的讲坛之上。[①] 正是在这个高台上，西塞罗一直疾呼，"要让刀剑听命于长袍，要让征战的桂冠让位于辩才"。

这是罗马史上最震撼人心的悲剧，是共和向帝制谢幕的挽歌。西塞罗死后 11 年，屋大维在亚克兴海战中完败安东尼，成为了罗马帝国的第一任皇帝。

一个掌控罗马政坛多年的老政治家如何会上一个 19 岁少年的当？致命伤正是罗马元老院的典型思路。不求解决问题，只会玩弄权力。安东尼太强大，就支持一个弱小的屋大维来制衡，然后再对屋大维实行控制[②]。平衡控制，再平衡再控制，永远保持自己的主导权。他们忽视了，此时的罗马人

---

① 参见普罗塔克：《希腊罗马名人传》（下），席代岳译，吉林出版集团 2009 年版，第 1581 页。

② 参见 Cassius Dio, *The Roman History: The Reign of Augustus*, Penguin, 1987。

民和战士，已经厌烦了雄辩家的政治权术，而将获取公正的希望寄托在军头身上。

西塞罗无法解决罗马人民的根本关切。如罗马的贫富分化问题；如士兵们流血一生分不到土地的问题；如腐败的外省总督与包税商勾结发财而得不到监督的问题；如罗马城内数百年没有警察管理市政的问题。这些事，元老院有 200 年的时间，却从未想过解决的办法。西塞罗的现存著作中，全是关于共和国原则、法律、正义的鸿篇大论，却没有解决这些现实问题的一项内容。试图解决这些问题的是屋大维。他设立军事财库，集中支付所有士兵退役后的土地和现金，把士兵从多头依附中解脱出来；他在罗马首次创立了警察制度和市政官；他第一次派遣了直接向皇帝负责的行省一级财务官。

凯撒也曾有过整理国土的宏图。他想排干罗马附近的庞普廷沼泽，为数以万计的罗马贫农提供耕种的土地；他还想开凿科林斯运河，把亚洲商业与意大利经济进一步整合起来。这对于罗马控制东方行省十分重要。如果真能完成，会延缓日后的东西罗马分裂。但西塞罗当时滔滔不绝地批判说，这些工程与维护"自由"相比微不足道。这些工程是专制君主"好大喜功"的象征，是迫使人民"流血流汗、甘当奴隶"的明显标志。① 这也是后来西方学者批评古代中国的

---

① 参见伊丽莎白·罗森：《西塞罗传》，王乃新等译，商务印书馆 2015 年版，第 262 页。

路数。巨型公共工程是孕育专制主义的温床。但正是京杭大运河，打通了南北中国，避免长江以南成为独立区域；正是建于400毫米等降水线上的长城，保护了北方的灌溉农业而养活了更多贫穷人口。

不仅雄辩家们滥用"自由"，军头们也滥用"自由"。在军头们眼中，"自由"的含义就是不受任何政治制约。罗马史书上经常看见，当某个派系控制了元老院，反对派就宣称该派系正在"压迫自由"，理直气壮地起兵造反。庞培宣布掌控元老院的马略派是暴政，自己要保卫自由，于是招募了一支私人军队，而私人招募公民兵是违法的；凯撒宣称庞培党迫害了罗马人民的自由，于是带着高卢军团跨过了卢比孔河，而军团是属于国家的；屋大维自己造反，却宣称是要把罗马从安东尼手中解放出来，成功后，在铸币铭文中将自己刻成"罗马人民自由的维护者"。

史家塞姆说，在罗马史上，"再造共和"或"重塑自由"等口号可以赋予任何暴力阴谋以合法性和神圣性①。每个人都可以根据自己的利益，来决定什么是"自由"、"合法"，选择最有利的理由进行斗争。自由，成为不同利益集团无限斗争的借口。

罗马拥有地中海世界的巨大财富，为什么不能拿出一部分集中解决贫富差距以防止国家分裂呢？史书归罪于罗马贵

---

① 参见罗纳德·塞姆：《罗马革命》，吕厚量译，商务印书馆2016年版，第212页。

族生活奢侈，天天办宴会。这不全面。破产农民虽在罗马城里四处游荡，但他们毕竟有一张选票。罗马执政官一年选一次，贵族争相赞助大型节庆、角斗与宴会，就是为了争取这张票。办庆典总比分配土地容易得多。

　　贵族虽然富有，但年复一年的竞选花销仍然不够用。很多贵族因搞政治而破产，凯撒就曾欠下一身债。因此，各行省的包税商、工程商、贸易商、高利贷商就开始纷纷出面。他们虽然不能直接登上前台，却能投资登上前台的代言人。

　　西塞罗就向来主张"贵族与财阀共天下"（等级和谐）。他的文集中，随处可见为财阀们的法庭辩护词。而财阀们往往两边下注，不光投资元老，也投资军头。军头间的密约，没有一次不是在财阀的牵线搭桥中完成的。前三头和后三头的赞助人中，充斥了各种包税商和金融家。当军头们控制政局后，就把他们拉入了元老院成为"新贵"。罗马元老院的上限本来只有600人。凯撒上位后，将元老增加到了900名；后三头上位，增加到了1000多人①。

　　财阀们的金钱，源源不断流入了罗马军团，如烈火浇油，将党争演化成内战。军头们开始从行省直接截留税收以支付军费。庞培派、共和派搜刮了亚细亚；凯撒派搜刮了高卢和西班牙；后三头为了支付43个军团的军饷，把意大利本土再全部搜刮一遍，连厕所都上了税。

---

① 参见罗纳德·塞姆：《罗马革命》，吕厚量译，商务印书馆2016年版，第257页。

　　五十年中四次大内战，将整个地中海世界卷入无政府状态①。内战消耗的财富，远远大于弥合贫富差距所需要的数额。混乱绝望中，罗马人民最终选择了屋大维②。500 年前，罗马正是因为痛恨王政才创建了共和国。500 年后，罗马公民们却一步步投票给独裁。公元前 49 年，人民投票给凯撒当"独裁官"③；公元前 43 年，人民投票通过了后三头④；公元前 27 年，人民投票屋大维将共和变成帝制⑤。

　　这并非他们不爱自由，而是自由没有给他们带来平等、富足和安全，自由的空论不能解决人民的根本关切。共和政治想要达成共识而不使用暴力，只能在罗马早期"中等冲突"时管用。当贫富差距扩大到没有机制能进行结构性调整时，中等冲突就变成了你死我活的大分裂。弥合它的，不是感情安慰，也不是票决政治，而是政治家们进行结构性改革的自我牺牲精神。

　　保卫自由的，从来不只是"自由"本身。

---

① 参见罗纳德·塞姆：《罗马革命》，吕厚量译，商务印书馆 2016 年版，第 19 页。

② 参见塔西佗：《编年史》，王以铸、崔妙因译，商务印书馆 1981 年版，第 3 页。

③ 凯撒在 705 年即前 49 年自西班牙归之后首次受任此职。参见特奥多尔·蒙森：《罗马史》第四卷，李稼年译，商务印书馆 2017 年版，第 447 页。

④ 公元前 43 年，安东尼、屋大维和雷必达在波伦尼亚附近会晤，达成协议，史称后三头政治同盟。是年 11 月，公民大会通过了一项法律，授权同盟颁布法令和任命高级官员，统治国家 5 年。

⑤ "就是这个屋大维——他更为人所知的是在公元前 27 年接受'奥古斯都'的称号——通常被说成是第一位罗马皇帝"。参见 H. F. 乔洛维茨、巴里·尼古拉斯：《罗马法研究历史导论》，薛军译，商务印书馆 2013 年版，第 4 页。

三、西汉王朝

(一) 大一统：一体多元

中国西汉王朝与罗马共和国同时。

西汉初期继承了秦制又修改了秦制——继承了直达县乡的基层官吏制度，但给宗族乡绅留下自治空间；继承了秦法的大部分条文，但去掉了肉刑；继承了中央集权的框架，却推行"无为而治"而让民间休养生息。

"文景之治"短短四十年，汉朝从天子凑不齐四匹同色马①，到粮食多得吃不完——"京师之钱累巨万，贯朽而不可校。太仓之粟陈陈相因，充溢露积于外，至腐败不可食。"为什么会突然变富？儒家经师们都解释为"以俭治天下"，似乎皇帝省着花钱就能让民间富有。还是司马迁有眼光，他说"海内为一，开关梁，弛山泽之禁，是以富商大贾周流天下，交易之物莫不通，得其所欲"。在消除割据的广袤土地上，用统一的文字、统一的货币、统一的法律、统一的度量衡创造出一个巨大市场，用商业将几大经济区域联系起来。分工产生的交易价值让社会财富整体增长，又反过来促进了农业生产率的飞速提升。造就这个统一基础的是秦朝。只是秦朝拿它来搞政治，汉朝拿它来搞经济。

---

① 参见司马迁：《史记·平准书》，韩兆琦译注，中华书局 2010 年版，第 2344 页。

　　"文景之治"以黄老之道统摄"法家之术"①。道家思想最善于将水火不容的各方打通脉络。儒法之间，儒墨之间，得时而起，过时则退，不留名相。这种抛却"名实之争"的气度，成为中华文明善于自我整合的智慧。不过，道家解决了一些问题，又产生了另一些矛盾。巨商大贾周流天下，小农却大量破产②；民间有周急振穷的侠义之士，也多了武断乡曲的"兼并豪党之徒"③；诸侯王们孕育了《淮南子》这样的人文经典，也引爆了分封割据的"吴楚七王之乱"④。

　　汉朝体制最终定型于汉武帝刘彻。他为中国干了两件大事。一是以推恩令"众建诸侯而少其力"，重新完成基层"郡县化"，并在此基础上奠定了"大一统"的儒家政治；二是初步奠定了国家疆域。

　　儒家政治的主要根基，不是《论语》，而是《春秋》。《春秋》是孔子根据鲁国史书修订而成，讥刺诸侯，彰显王道。在多个传本中，董仲舒所推崇的《春秋公羊传》是最有影响力的一派。

---

① 参见《蒙文通文集·古学甄微》，巴蜀书社 1987 年版，第 284 页。

② "失时不雨，民且狼顾；岁恶不入，请卖爵子"。参见《贾谊集》，上海人民出版社 1976 年版，第 201 页；"于是有卖田宅鬻子孙以偿债者"，参见《晁错集注释》，上海人民出版社 1976 年版，第 31 页。

③ 参见司马迁：《史记·平准书》，韩兆琦译注，中华书局 2010 年版，第 2352 页。

④ 西汉初年，中央直接统治的地区不过 15 个郡，仅占全国土地的三分之一。而诸侯大的如齐、楚、吴等，每人都有五六个郡，几十个城。汉景帝时，吴楚七国之乱。汉武帝时，也有淮南王、衡山王之乱。

　　春秋公羊学的核心是大一统。从哲学上说，是天人感应；从政治上说，是中央集权；从制度上说，是文官治国；从伦理上来说，是三纲五常。这套制度解决了"起于布衣"的汉王朝为什么能"君权天授"的合法性问题。最难得之处，在于既塑造了权力，又约束了权力。中国的"奉天承运"和西方的"君权神授"不同。罗马的"皇帝神格化"是为了论证其统治的神圣性，但"神意"和"民意"无关。在古代中国，天意要通过民心来体现。天子对人民好，"天"才认其为"子"，对人民不好，天就收回成命，另付他人。"其德足以安乐民者，天予之；其恶足以贼害民者，天夺之"①。为了确保皇权对天的敬畏之心，董仲舒还加上了"灾异"说。但凡有天灾，皇帝就要反躬自省，看自己有没有做错的地方。于是，天子、天命和民心构成了一个三方制衡体系，天子管天下，天命管天子，民心即天命。它强调"权力"的最终来源是"责任"。有多大权就要尽多大责，不尽责就会失去权力合法性。父母不尽责，子女绝亲不为不孝；君主不尽责，民众改朝换代不为不忠②。"有道伐无道，此天理也"③。

----

① 参见凌曙注：《春秋繁露·尧舜不擅移汤武不专杀》，中华书局1975年版，第273页。

② "胁严社而不为不敬灵，出天王而不为不尊上，辞父之命而不为不承亲，绝母之属而不为不孝慈，义矣夫"。参见凌曙注：《春秋繁露·精灵》，中华书局1975年版，第98页。

③ 参见凌曙注：《春秋繁露·尧舜不擅移汤武不专杀》，中华书局1975年版，第274页。

　　大一统思想不光包含政治道德，也包含社会道德与个人道德。例如"正其谊不谋其利，明其道不计其功"①的仁道；例如"反躬自厚、薄责于外"②的恕道；例如"父子兄弟之亲，君臣上下之谊，耆老长幼之施"③的亲亲尊尊之道。但任何思想体系都不能过度。灾异学说一过度就成了东汉谶纬迷信；三纲五常一过度就成了束缚社会活力的教条；亲亲尊尊一过度就没有了法律意识。但在那个摸着石头过河的秦汉时代，建设一个超大规模政治体的过程，只能是边建设，边批判，边创造，边完善。

　　刘彻接受了董仲舒天人之策。

　　第一件事就是举孝廉。在此之前，都是世家子做官，商人之家偶尔也可以"赀选"。这与罗马开端相似，都是"贵＋富"政治。但从他开始，官府从民间寻找既懂得"当世之务"、又能够尽孝守廉的寒门之儒④。推荐的责任在地方官。如果不推荐，就要治"大不敬之罪"。这是件非常辛苦的事，一道诏书传到边疆要40天，再组织基层的寒士依靠驿站系统前往京城开始"问策"，则要7个月之久。但这个折腾很值。刘彻一

---

① 参见班固：《汉书·董仲舒传》，中华书局1999年版，第1918页。
② "春秋刺上之过，而矜下之苦，小恶在外弗举，在我而诽之。以仁治人，以义治我，躬自厚而薄责于外，此之谓也。"参见凌曙注：《春秋繁露·仁义法》，中华书局1975年版，第313页。
③ 参见班固：《汉书·董仲舒传》，中华书局1999年版，第1913页。
④ "吏民有明当世之务，习先圣之术者，县次续食，令与计偕"。参见班固：《汉书》，中华书局1999年版，第117页。

朝有不少布衣名臣都是靠读透一本《春秋》而成为公卿。日后，凡想做官的权贵之后，都得争先恐后学好儒家伦理。

　　文官政治的察举制由此开启。刘彻明白，治理如此广阔的天下，不能仅靠门阀富豪，而要把权力分配给基层中那些最识大体、最有道德、最有知识、最有责任心的人，才能凝聚民心扩大执政基础。秦朝基层都是法吏，会用严刑峻法，但不懂教化人心。刘彻让儒生与基层法吏并行，实现了"治理与教化"合二为一。从此，地方的郡守、县令，不仅要负责治理，还要负责建学校化风气。察举制亦有很多弊端。比如师生门户之攀援，比如儒生与举荐人之勾结，到东汉还发展出了"四世三公"经学门阀。真正的公平，要等到几百年后的隋唐科举制诞生。但汉的察举制毕竟先迈出了一大步。

　　刘彻还创造了"刺史制度"以约束文官。即设立一批县处级小刺史，不定期巡查郡县"六条问事"①。一是针对地方豪强的土地兼并；二是针对地方文官的职业操守。这是历代中央监察制度的开端。

　　说刘彻"罢黜百家、独尊儒术"实为误解。他用董仲舒

---

① "一条，强宗豪右，田宅逾制，以强凌弱，以众暴寡。二条，二千石不奉诏书，遵承典制，倍公向私，旁诏守利，侵渔百姓，聚敛为奸。三条，二千石不恤疑狱，风厉杀人，怒则任刑，喜则任赏，烦扰苛暴，剥戮黎元，为百姓所疾，山崩石裂，妖祥讹言。四条，二千石选置不平，苟阿所爱，蔽贤宠顽。五条，二千石子弟恃怙荣势，请托所监。六条，二千石违公下比，阿附豪强，通行贿赂，割损政令"。参见班固：《汉书》，中华书局1999年版，第623—624页。

的同时，还用了法家张汤、商人桑弘羊、牧业主卜式，乃至匈奴王子金日磾①。这些人，虽读春秋，但并非全然的儒生文士。国家设立的太学有儒家经学的学官，民间则是法、墨、刑名、阴阳四处开花。西汉政治从思想到实践都是多元的。既然多元，为何又要用儒家思想来作底？因为没有一体，只靠多元互搏平衡，最终还会分裂。而只有"大一统"才能将多元的思想汇聚在一个共同体内。

文化上便是如此。齐国早不存在，但齐国的"月令"成为汉的"政治时间"，中国两大神话系统之一"蓬莱"，正是出自齐地；楚国早不存在，但屈原歌颂过的楚神"太一"成为汉的至高神，伏羲、女娲、神农、颛顼、祝融，成为汉人共同的祖先神；汉皇室是楚人血脉，刘邦的大风歌，刘彻的秋风辞，都是楚歌，可定音协律的却是赵人，汉乐府之祖李延年出身于赵国中山。考古学家们在北方长城，发现了楚风的铜器与漆器；在长江以南，发现了匈奴草原风格的动物牌饰②；在从河北到广西的汉代铜镜上，发现蜀地首创的款式和

---

① "卜式拔于刍牧，弘羊擢于贾竖，卫青奋于奴仆，日磾出于降虏，汉之得人，于兹为盛。儒雅则公孙弘、董仲舒、儿宽，笃行则石建、石庆。质直则汲黯、卜式。推贤则韩安国、郑当时。定令则赵禹、张汤，文章则司马迁、相如，滑稽则东方朔、枚皋，应对则严助、朱买臣，历数则唐都、洛下闳，协律则李延年，运筹则桑弘羊，奉使则张骞、苏武，将率则卫青、霍去病，受遗则霍光、金日磾，其余不可胜纪。"参见班固：《汉书》，中华书局1999年版，第1998—1999页。
② 参见黄展岳：《关于两广出土北方动物纹牌饰问题》，《考古与文物》1996年第2期。

铭文①。大一统并没有造成地方文化的消亡。地方文化反而越过原生的界限，在更大范围内传播。只要永远保持开放，统一之上也能多元。汉文化之所以比秦文化更能代表中华文化，是因为汉将多元乃至矛盾的思想、制度、文化和人群，最终融为一体。

一体多元，是汉的精神。

（二）史官制：天下人心

很多人常责难中华文化产生不出与"公权力"保持"绝对独立"的西式知识分子。唯一有点接近的人物是司马迁。他虽拜董仲舒为师学儒，但更加推崇黄老道家，更加喜欢自由放任的商业社会，更加赞许文景的"无为而治"。他《史记》里的刺客、游侠、商人享受着和王侯将相同等"列传"待遇。他敢于批评汉武帝②，还敢于站出来为蒙冤的李陵抱不平，因此被判罚宫刑。

但司马迁终究跟遗世独立的希腊学者们不同。宫刑之后，出于君道，汉武帝仍任命他为中书令，相当于贴身秘书；出于臣道，他仍然秉笔直书继续发表意见。他虽不喜欢汉武帝的政治风格，但对其强化郡县制之"推恩令"大加赞

---

① 参见郑君雷：《百越融入中华一体的考古人类学考察》，《广西民族大学学报（哲学社会科学版）》2018年第2期。

② 参见司马迁：《史记·汲郑列传》，韩兆琦译注，中华书局2010年版，第7100页。

许，认为是解决动乱根源的伟大举措①；他一生清贫，但从不仇富，认为大部分商人的财富是靠把握经济规律苦干而来"椎埋去就，与时俯仰，获其赢利"②；他被酷吏折磨，也没有记恨法家，还认为法家政策如实行得好，也有"维万世之安"之效果③。

司马迁从没有因个人痛苦而发展出对体制的系统性批判。因为"个人"不是司马迁的精神追求，他关注的是整体，是"天下"。他批评公权力，不是因为刻意追求独立，而是认为对天下有害；他赞许公权力，也不是因为屈服淫威，而是认为对天下有益。在天下面前，个人得失全得放在后面。自由之上，如何尽到家国天下之责任；责任之上，如何不失心灵之自由。不光破，还要立；不光提出差异，还应追求共同。个体自由和集体责任的对立统一，是中国知识分子区别于西方的鲜明特点。

《史记》中不光批评了汉武，还写了刘邦之猜忌、吕后之乱政、各个功臣名将之微处，将汉的开国说得毫无神圣可言。《史记》一共只抄了两部，销毁轻而易举。然而，从昭宣两朝开始，这部"谤书"竟成为官方正式收藏的国典。《太

---

① 参见司马迁：《史记·汉兴以来诸侯王年表》，韩兆琦译注，中华书局 2010 年版，第 1492 页。

② 参见司马迁：《史记·货殖列传》，韩兆琦译注，中华书局 2010 年版，第 7662 页。

③ 参见司马迁：《史记·秦楚之际月表》，韩兆琦译注，中华书局 2010 年版，第 1437 页。

史公书》亦作为西汉的国史代代相传。没有主动包容的意识，没有自我批判的精神，是做不到的。汉将史官制原则推向了新的高度——史官有评价皇帝的权力。历史相当于中国人的"宗教"，历史评价相当于宗教审判。这个原则被历代王朝所继承。哪怕是元朝与清朝，皇帝可以杀个别史官，但从来不敢撤销史官制度。撤销了，就不是华夏正统。

华夏正统就是中华道统。大规模政治体的长治久安不会建立在纯粹威权之上，必须是各群体各阶层对道统的内心认同。中华道统的核心是中容和。体现着一种原则，一种境界，一种规律，一种价值。圣贤有圣人之道，而君有君道，臣有臣道，将有将道，商有商道。一直到琴棋书画医酒茶剑等人伦日用方方面面，都有道。深埋于士民骨子里的春秋大义，对一切事物都要评点一番。拿两汉臣道为例，霍光、王莽、诸葛亮都是势可倾国的权臣，在士民心中评点完全不同。王莽虽号称儒家，但其篡汉是为私而不为公；霍光出于公心两易皇帝，但为人太霸道；诸葛亮虽然国弱，但不寻求割据，宁可失败也要"王业不偏安"。是为公还是为私、是维护大一统还是搞分裂，士民心里如同明镜。史书这么写，戏词也这么编。大道高悬，各种人都逃不过"道"的评判。军阀也要有"道"。如曹操虽对汉朝不忠，但也要以"周公吐哺，天下归心"为理想，也要以"使天下无孤，不知几人称帝、几人称王"而自辩。至于像董卓这类无道无术的土匪军阀，就如乱雨浮云而不值一评了。

四、中西商道

（一）仁政的负担

2017 年盛夏，中蒙联合考古队在蒙古国杭爱山一处红色石壁上，发现了一幅摩崖石刻，苍古斑驳、模糊不清。经学者仔细辨认后，确定这就是东汉大破北匈奴后的"燕然山铭"。"燕然未勒归无计，羌管悠悠霜满地"。无数书传中都说到"燕然勒碑"，却从没人找到准确的地方。作为古代中原人最北之想象，人们终于看到真正的燕然山。

这块碑文，对罗马也很重要。正是因为这一仗结束了汉与匈奴两百年拉锯战，使北匈奴一路西走，牵引了中亚草原民族西迁的连锁运动。两个多世纪后，匈人、东哥特、西哥特一波又一波地突破了罗马边防，瓦解了西罗马帝国。中国史家喜欢说匈人就是匈奴，西方史家不认可。虽然从人种上来说，匈人未必就是匈奴，但引发中亚草原民族大规模西迁的主因肯定是匈奴。

匈奴为什么要西迁？2013 年，美国古气候专家爱德华·尺·库克（Edward R. Cook）采集了中国青海的植物年轮数据，结合太平洋地区气候变化历史，提出匈奴的西迁与气候变化有直接关系①。原来，在公元二三世纪，蒙古高原和

---

① 爱德华·尺·库克提出了一种关于气候机制的假说，4 世纪中亚旱灾的发生与匈人（the Huns）第一次向西迁入罗马帝国几乎同时发生。参见 Nicola Di Cosmo, Neil Pederson, Edward R. Cook: "Environmental Stress and Steppe Nomads: Rethinking the History of the Uyghur Empire（744–840）with Paleoclimate Data", *Journal of Interdisciplinary History*, XLVIII: 4（Spring, 2018）。

中亚草原经历了长达 100 多年的严重旱灾，游牧族群无法生存，要么南下中国，要么西迁欧洲。匈奴首选是南下，但与两汉打了两三百年后仍无法得手，只能西迁。西迁的匈奴与中亚草原上同样为旱灾所困的游牧民族一起，冲向另一个繁荣的农业文明中心——罗马。正好赶上西罗马的"三世纪危机"。摇摇欲坠的奴隶制大庄园生产被游牧民族"踏上最后一只脚"，西罗马就此崩溃，再没有统一过。

如果两汉没有抵抗住北匈奴的南下，东亚史与世界史都将重写。气候成了草原民族的不可抗力，草原民族又成了农耕文明的巨大考验。秦汉罗马相隔万里，都面临着不可抗力的同样考验。两汉经住了考验。

汉匈之争了结于东汉，肇始于西汉。西汉早期就已出现了气候变化的前兆。匈奴领地连年出现雨雪大灾，牲畜大批死亡。文景时每和亲贸易一次，匈奴就能安稳十年八年。但从景帝末年、武帝初期开始，送财物送公主都不管用了，今年刚送完，明年还来抢，矛盾迅速激化。西汉武帝时也出现了大规模水灾、旱灾与饥荒，都靠举国体制硬挺过来了。是以内生力量消化天灾，还是以侵掠游走转移天灾，体现着文明的可持续性。

汉武帝即位 7 年后（公元前 133 年），不堪匈奴持续进犯，开始了 12 年的汉匈战争。最终卫青取得河套地区，设立了朔方郡；霍去病打通西域，建立了武威和酒泉郡。正是有这两个基地，日后东汉才能打到蒙古高原腹地。这个胜利十分昂贵，文景两朝的存粮被一扫而空。谁能捐钱捐粮，谁就能做官。"入羊为郎"的笑话就是这 12 年里发生的。

最大的尴尬发生在霍去病定鼎河西的最后一战。匈奴浑邪王率四万部众投降，汉武帝决定在边郡划出五个属国好好安顿。他诏令长安地区的商贾捐献两万乘车马给投降的匈奴作"安家费"。但没有商人肯捐。刘彻怒极，要砍长安县令和五百商人的脑袋①。

大臣抗谏说，匈奴为非作歹，我们花费了无数资财才战胜。现在既然得了俘虏，就应当赐给死难战士之家做奴仆以补偿。现在居然要用官府的钱财去供养，让汉地的良民去照顾，就像奉养骄横的儿子一样，这是伤害中国之根本②！

汉武帝默然半晌，没有听从，依然出钱安顿好了这批匈奴部众。只不过钱不是由国家财政（大司农）出，而是由皇室内库（少府）出。这是了解中华文明又一角度。有人说，汉朝开边与其他帝国殖民没什么不同，但哪有不以战败者为奴隶、还自掏腰包去供养战败者的"殖民者"？与汉匈战争前后脚发生的，是罗马与迦太基的第三次布匿战争（公元前149—前146年），罗马将迦太基全城夷为平地，将投降的 5

---

① "上怒，欲斩长安令……又以微文杀无知者五百余人"。参见司马迁：《史记·汲郑列传》，韩兆琦译注，中华书局 2010 年版，第 7113 页。

② "臣愚一位陛下得胡人，皆以为奴婢以赐从军死事者家……今纵不能，浑邪率数万之众来降，虚府库赏赐，发良民侍养，譬若奉骄子。……是所谓'庇其叶而伤其枝'者也"。参见司马迁：《史记·汲郑列传》，韩兆琦译注，中华书局 2010 年版，第 7113 页。

万老幼妇孺全部卖为奴隶。

希腊罗马的对外战争都能挣钱，而汉的开边都是贴钱，史书上批评其"虚耗海内"。但汉朝要的是人心，而不是钱。匈奴部众只要诚心归附，就是中国百姓，就要以仁义财帛待之，以换"远人归心"。这是儒家仁政精神。

仁政的负担太沉重了。中原和草原同受天灾，小农出现了大规模破产——"失时不雨，民且狼顾；岁恶不入，请卖爵子"。小农不能抗灾又不能免债，只好卖掉田宅。卖给谁？自然是卖给巨商大贾。汉朝出现的大商人主导的土地兼并，与罗马"大土地农业"一样；投机商和大地主们从来"不急国家之事"，也与罗马一样。商人们的财力早已压倒了各级政府（"大者倾郡，中者倾县，下者倾乡里者，不可胜数"）①，但当朝廷要平七国之乱而向富户借钱时，富户们觉得朝廷未必打得赢而不肯借（"关东成败未决，莫肯与"）②。

从文景开始，朝野就在争论农商矛盾的解决办法。一种是贾谊的"重本抑末"。这是典型的法家。《商君书》里对付"奸商"的手段是十倍征税、禁止贸易、把旗下伙计都发配去修路等，可商业是西汉繁荣的基础，岂能又回到秦制苛政？另一种办法是晁错的减免农业税。这是典型的儒家。万般困难

---

① 参见司马迁：《史记·货殖列传》，韩兆琦译注，中华书局 2010 年版，第 7622—7623 页。

② "吴楚七国兵起时，长安中列侯封君行从军旅，赍贷子钱，子钱家以为侯邑国在关东，关东成败未决，莫肯与"。参见司马迁：《史记·货殖列传》，韩兆琦译注，中华书局 2010 年版，第 7620—7621 页。

一招鲜——减税，可减免了税，中央财政又拿什么去抗灾打仗？文帝景帝都难以定夺，就这样继续熬下去。

最终解决的还是汉武帝。有人为他发明了一套既不退回秦制，也不加小农税赋，还能增长国家财力的方法，"民不益赋而天下用饶"。这个人，既非儒家也非法家，而是一个商人。

（二）儒商的家国

在景帝去世前的最后一年，洛阳城巨商之子桑弘羊，以特殊才能"心计"（心算）进入宫廷做"郎官"。这一年他才13岁。和长安不同，洛阳是商业都市，居民都"喜为商贾，不好仕宦"。汉朝也不让商人做官，做"郎"的资格只有郡守和将军的后代才能享受。商人世家子弟能破例进宫很不容易。

桑弘羊进宫是为了给16岁少年天子刘彻当伴读。刘彻读什么书，他就跟着读什么。刘彻微服野游，他就去当侍卫。刘彻的侍卫大多成了名臣名将，他却20年没得到重用。直到商人拒捐马匹给匈奴这件事发生。

憋了一肚子气的刘彻，在桑弘羊的策划下，于公元前120年，做了一件让儒生们目瞪口呆的事——他任用了著名的大盐商东郭咸阳与著名的大铁商孔仅，主导了全国盐铁官营。伴读郎官桑弘羊则以"计算用侍中"，在内廷里予以配合。

盐铁官营，是指将此前由民间经营的制盐铸铁行业，转隶官方实行更大规模经营。盐和铁是古代社会最大消费品，官方经营就是垄断了最大财源。很多人批评这是国家与商民争利，但帮国家搞垄断盐铁的，竟是盐铁商家本人。这就奇了。罗马商人用财力挟迫国家让自己发财，汉朝商人却帮国家搞宏观调控。

桑弘羊还发明了"均输法"和"平准法"。

均输法，就是各地的"土贡"以当地最丰饶之物品上交，再由官营网络运往稀缺地区出售。对民间而言，可以避免中间商的盘剥；对国家而言，亦在不增加农税的情况下获得了巨大财力。平准法，就是以官营网络解决价格波动。某种商品价格过分上涨或下跌，国家就向市场抛售或买进该商品，以平抑物价。而罗马帝国戴克里先皇帝在面对物价波动时下过一道限价敕令（公元301年），从商品到工资都规定了最高价格，结果失败了。朱理安皇帝在公元362年也试了一次，同样失败了。

桑弘羊还统一了币制，将各郡国分散的铸币权收回到朝廷，铜钱都是用统一铸造的"五铢钱"。而罗马只实现了金币银币由国家铸造，铜钱仍归各城市独自铸造。

正是这套宏观调控财经制度，帮助汉朝同时扛过了农业灾害和匈奴进犯，用"均输"、"盐铁"之积蓄，既支付了战士俸禄也赈济了北方饥民。"赖均输之畜、仓廪之积，战士以俸，饥民以赈"①。初创的宏观调控亦有缺陷。盐铁官营中，公营器物的规格经常不合私用；均输平准中，官吏经常乱征

---

① "战士或不得禄，而山东被灾，齐赵大饥，赖均输之畜、仓廪之积，战士以俸，饥民以赈"。参见王利器：《盐铁论校注》，中华书局1992年版，第27页。

收物产①；告缗制度中，为了征收高利贷和投机商的财产税，居然搞出了全民告密运动。桑弘羊在晚年承认政策初衷与官僚执行效果的差距——"吏或不良，禁令不行，故民烦苦之"。虽有欠缺，但瑕不掩瑜。

桑弘羊还干了两件大事。第一件大事是"假民公田"。公元前114年，他首次赴外朝上任（大农中丞），就将从投机商人和高利贷者手中没收上来的土地，重新租给无地的流民耕种②。罗马也有公地制度，即从征服土地中拿出一部分租给贫民。但仍挡不住权贵者的大量侵占，致使公地越来越少，国家最终丧失了调节能力。桑弘羊的"假民公田"（公元前114年）与罗马格拉古兄弟因土地调节被杀（公元前133年、公元前121年）时间相距不远，一个成，一个败。

他干的第二件大事是西域。汉朝设立河西四郡，本来只是军事点，正是在桑弘羊的建议下，征发了60万戍卒河西屯田。这花费了数以亿计的财富——"中国缮道馈粮，远者三千，近者千余里，皆仰给大农。"没有这个基础，东汉的班超就建不了西域都护府，丝绸之路就永远打不通。桑弘羊对西域比朝廷还要狂热。在刘彻晚年，桑弘羊还力主"屯田

---

① "有者半贾而卖，无者取倍称之息"。参见《晁错集注释》，上海人民出版社1976年版，第31页。

② 秦汉的土地制度中，同时存在国家拥有的"公地"和个人拥有的"私地"。国家公地用于重新分配和租借，虽然不能解决根本矛盾，但能够缓和土地兼并。北魏和隋唐之盛世，正是与授田制相始终；但每当国家失去公田这一调节手段的时候，也就进入了王朝衰败的周期。

轮台"彻底巩固西域。最后还是刘彻先放弃了，发布《轮台诏》，下令"弃武归文"。

一个巨商之子为何如此执着地为贫民分土地，为朝廷开发西域？因为他读《春秋》。他少年时和刘彻一起读了《春秋》、《鲁诗》、《尚书》。老年之后，在盐铁会议上舌战群儒时，他还能句句引用春秋大义和儒家经典。自刘彻开始从贫寒儒生中选拔文官后，民间儒学蔚然成风，不谈"王道"都会被樵夫舟子耻笑。没有这样的文化氛围，产生不出这批发明了"宏观调控"的大商人们。和他共同搞盐铁官营的商人东郭咸阳与孔仅，也同样为朝廷奔波到老。

桑弘羊一直保留着商人习气。他不认为持家必须简朴，反而得意地夸耀如何"善加筹策"朝廷的赏赐和俸禄而使自己过得更富裕[1]。他的子弟也曾因游猎被都城治安官查办。但他靠中央集权搞出来的那些钱，全部投入了西北的屯田与山东的水患，投入到了"经营天下"。他服膺儒家精神，却看不起儒生空谈（"不知治世而善訾议"[2]）。他的观点没错。汉朝所有的成就，没有中央财政体系，是根本无法实现的。

桑弘羊是商？是官？是儒？是法？他开启了一个永恒的话题。商道的使命，是追求一个跨越任何束缚的私人商业帝

---

[1] "车马衣服之用，妻子仆养之费，量入为出，俭节以居之；俸禄赏赐，一二筹策之，积浸以致富成业"。参见王利器：《盐铁论校注》，中华书局1992年版，第219—220页。

[2] 参见王利器：《盐铁论校注》，中华书局1992年版，第595页。

国？还是在独善其身之外去兼济天下？这是中国商人心中永远的挣扎，带来了各种截然不同的命运。

（三）商道的分殊

和桑弘羊同时，罗马的头号巨商是与凯撒、庞培齐名的"前三头"之一克拉苏。他干了件最著名的大事，镇压了斯巴达克斯大起义。

克拉苏是"罗马最富有的人"。普鲁塔克记录道，他致富的方法是，利用罗马没有消防队，自己成立了一个500人的私人奴隶消防队。谁家的房子着火了，他就带人堵在门口要求廉价收购房产。如果房主答应，他就灭火。如果不答应，就任由其烧光。等房主不得已将房子低价卖给他后，他再加以整修，高价租给原来的苦主居住。就这样，他空手套白狼，买下了大半个罗马城。他还经营着罗马最大的奴隶贩卖生意，从意大利的种植园，到西班牙的银矿，到处都是他卖出去的奴隶。他死后的遗产，相当于罗马国库的全年收入。

他从政后的慷慨，与经商时的盘剥同样惊人。他拿出财产的十分之一办庆典，给每个罗马公民发三个月生活费。这一票拉的，在公元前70年轻松竞选成功，与庞培一起任命为联合执政官。伟大的凯撒拼命苦战了十年，才勉强与他俩并称"前三头"。

克拉苏的名言是，不够武装一个军团，就不能算作富人。他死于率领罗马军团远征安息帝国的途中，战斗和死亡都十分英勇，充满罗马风范。但他打安息不是为了国家，而是为了自己——罗马的潜规则是，谁打下新行省，谁就有权利先行搜刮那里的财富。他没有成功，帕提亚骑兵砍下了他的头颅，往里面灌满了黄金。

克拉苏这类的商人政治家，在中国不可能出现。其发家手段在商界都得不到尊重，更不要说当政治领袖。而在罗马，只要他的财富足以武装起一支军队，只要他的财富足以搞定更多选票，都可以。

罗马创造的地中海世界里，产生了大量克拉苏式的金融家、包税人、奴隶贩子，他们投资罗马的政治，但在罗马崩溃后，他们都没受影响。他们和蛮族和教会充分妥协，转化成新的封建领主。

近代以来，总有人认为明末才有资本主义萌芽，商业精神似乎是儒家农业文明主干上的支流。实则不是。中国的商业精神不是其支流，而是其内在的重要部分；不是天生不足，而是天生早熟；不是被动接受了儒家，而是对儒家进行了实质性修正。正如桑弘羊在晚年的盐铁会议上提出的，商业亦可立国（"富国何必本农，足民何必井田"）。他认为，国家要建立大市场，汇聚万货，让农、商、工、师"各得所欲，交易而退"。他还说，国家没能让人民富裕，不是因为道德问题，而是因为工商业不发达。"有山海之货，而民不足于财者，商工不备也。"这些来源于战国时代齐国的"管子轻重之学"。轻重学派明确地提出用市场调节财富，用货币塑造价格，用利益机制来引导社会行为，反对以行政手段强制管束。这些思想是非常现代的。我们经常低估了先贤的价值。中国最终没有发展出资本主义经济，有很多原因，但并非没有工商文明的种子。

中国工商业一开始就被儒家套上了道德伦理，后来又被套上了家国责任。有人说，正是这种双重束缚，让我们没能早产生西方式企业家。然而，道德伦理和家国责任正是今天西方企业家们非要回答不可的问题：自利和利他的关系？纯粹自利能否自动达成社会共利？国家和个人的边界？自由经济能否脱离国家主权？这些问题，中国2000年前就开始思考了。

五、罗马帝国

（一）上层与基层

西汉王朝灭亡时（公元8年），罗马帝国刚刚开始。创建罗马帝国的屋大维，和刘彻有着许多相似之处。

他们都是天才少年。刘彻17岁即位，23岁同时开始立儒学打匈奴，49岁前两件事都完成。屋大维19岁起兵，32岁时结束分裂，47岁前完成了罗马帝国的制度建设①。

他们都是复杂的人。刘彻的历史评价在穷兵黩武和雄才大略之间摆动了2000年。说他是儒家，他行事却像法家；说

———————
① 参见 Nic Fields, *The Roman Army: the Civil Wars 88-31 BC*, p. 53。

他是法家，他又没有退回秦制；说他爱道家神仙，他又偏偏用儒家立国。屋大维也充满矛盾。他与巨头合作，架空了元老院；又与元老残党合作，消灭了巨头。他保留共和国的形式，却变更其内在逻辑，虽称元首，实为皇帝。他身兼多个文职，从执政官到保民官到祭司长，但18万罗马军队才是他的真正力量。他没有建立明确的继承制度，但王朝最终还是在家族内传承。

屋大维和刘彻之复杂，在于罗马与秦汉都是超大规模政治体。在草创之初，要整合这样广阔复杂的疆域，任何单一的理论、制度、安排都不足为凭。

屋大维和刘彻的治国思路，也是英雄所见略同。

屋大维很重视制度建设。除官僚、军队、税吏制度外，也很重视国家意识形态，希望以罗马早期的传统道德来凝聚人心，即对家庭、对国家、对本土神灵的忠诚与责任。就像刘彻找到了董仲舒，屋大维也感召了一批文化巨匠。维吉尔仿照希腊的荷马史诗，创作了罗马史诗《埃涅阿斯纪》，构建了"罗马民族"的认同；李维写了《罗马自建城以来史》，总结罗马建城700年来的兴衰成败，批判分裂的派系主义；贺拉斯的《讽喻诗》，批判当下的腐败风气，号召社会回归对家国的责任感。

而两人的路径与结果大不一样。

屋大维建立了文官系统。为了克服财阀对政治的破坏性，他大胆吸纳财阀进入文官体系。骑士阶层可以从实习军官做起，进入税吏系统，最终出任行省的财务官，顶尖的可以进元老院。真正实现了西塞罗的"贵族与财阀共天下"。与之相比，汉朝的文官路线则是求取基层寒士。钱穆说，汉代是第一个"平民精神"王朝①。

罗马帝国的文官，都集中在行省首府，更没有建立一竿子插到底的基层政权。行省之下无官僚，下面是一堆拥有自治权的王国、城市、部落，各自按照原有的制度运行。罗马派遣一个总督和若干财务官，掌管税收、军事与司法，对于行省下的公共服务和文化教育则一概不管。中央委派的财务官也只在行省而不下基层，更懒得设垂直管理的基层税吏，征税就摊派给地方领袖。地方领袖对当地事务很有发言权，总督经常按照地方实力派的愿望作决断。如罗马总督彼拉多并不想处死耶稣，然而在犹太领袖们的强烈坚持下，还是不情愿地将耶稣钉上了十字架。总督不管事，也不承担公共经费。地方的城市建设和文化活动由本土富商志愿掏钱。在中央政权衰落之后，这些地方实力派就此转化为蛮族王国之下的封建地主，因为他们本来就是独立的，谁收税都一样。英国学者芬纳将罗马帝国称为"由众多自治市所组成的一个庞大的控股公司"②。

归根结底，罗马的治国思路是只管上层，不管基层。罗马帝国，只是环地中海的上层精英大联合，基层群众从来不

---

① 参见钱穆：《国史大纲》，商务印书馆1991年版，第128页。
② 参见芬纳：《统治史》（卷一），马百亮、王震译，华东师范大学出版社2010年版，第362页。

曾被囊括其中，更谈不上融合相通。如西方学者所言，罗马帝国文明有着无比丰富和复杂的上层建筑，经济基础却是粗陋和简朴的"奴隶制大庄园"①。文化基础也如此。罗马的行省中，只有贵族、官僚能说拉丁语，基层群众基本上不会拉丁文，因为罗马从未想教他们。高卢和西班牙并入罗马300年后，农民们还在说自己的凯尔特语。也因此，屋大维苦心建构的"罗马民族认同"，随着拉丁语仅停留在贵族圈里，从未抵达基层人民心里。一旦上层崩盘，基层人民就各自发展，把罗马抛到九霄云外。而秦汉则是打通了上层与基层，创立了县乡两级的基层文官体系。由官府从基层征召人才，经过严格考核后派遣到地方全面管理税收、民政、司法和文教。在居延汉简中，连一个在西域屯田的小吏，都被严格要求"能书会计、治官民、颇知律令"②。文吏还要专门读史书，写文件，练礼仪③。两汉的基层官吏不光管理社会，还要负责公共文化生活④。郡守设学，县官设校，配备经师，教授典籍，慢慢将不同地区的基层人民整合起来，聚合成一个大文化共同体。即便中央政权崩塌，基层的人民还是要书写同样

① 参见佩里·安德森：《从古代到封建主义的过渡》，郭方译，上海人民出版社2001年版，第137页。

② 参见佛雷德里克·库珀：《世界帝国史》，柴彬译，商务印书馆2017年版，第32页。

③ "学史书、读律讽令，治作情奏，习对向，滑习跪拜"。参见黄晖撰：《论衡校释》，中华书局1990年版，第1123页。

④ "郡国曰学，县道邑侯国曰校，校、学置经师一人"。参见班固：《汉书》，中华书局1999年版，第248—249页。

的语言，遵循同样的道德，拥有同样的文化。唯有这样的人民基础，大一统王朝才能多次浴火重生。

（二）政权与军权

罗马与秦汉第二个不同在于军队与政权的关系。

屋大维起于军队，他解决政权与军队的关系，仍然是军阀式的。他先将最富有的埃及财政收归为"元首私库"（fiscus），再用私库之钱给军团发酬劳。士兵虽不再是各将领的私军，但依然是皇帝的私军。这导致了一个双向规则：一方面，军队属于能发出最多军饷的那个人；另一方面，一旦皇帝发不出军饷，就得换一个能发饷的人当皇帝。果然，这种规则下的和平，在屋大维之后只维持了50年。公元68—69年的内战中，地方军阀都从行省赶到首都参与帝位纷争，各军团将领多次举兵夺取中央政权。专家统计，"从屋大维到君士坦丁的364年中，平均6年发生一次帝位更替。其中有39位皇帝死于近卫军和军队之手，占总数70%；只有12位皇帝属于自然死亡，不足20%。"

先是意大利本土兵为主的中央禁卫军操控皇帝。近水楼台先得月。合法继承人要贿赂禁卫军才能登基。一旦禁卫军不满意其报酬便杀了再换新人。最后发展到在军营前"拍卖"皇位，财阀和元老竞相出价。有胜选者当了60天皇帝而被杀[1]

---

[1]　参见 Cassius Dio, *Roman History*, LXXIV, 17.5; *Historia Augusta, Didius Julianus*, 8.8。

（公元 193 年，朱里亚努斯）。

压制中央禁卫军的，是边疆军阀。发家于边疆行省总督的塞鲁维王朝，解散了意大利本土兵，带领外省军队占领了罗马。他们屠杀罗马的贵族和财阀，把没收的资产拿来发军饷。军队的赏银虽增加了一倍，但欲壑难填，塞鲁维王朝也灭亡于自己军队的暗杀（公元 235 年）。之后的罗马，50 年内出现了 23 个皇帝，统治不到一年都死于兵变。

罗马帝国晚期经济崩溃，出不起丰厚的赏金，罗马人都不想当兵，只能雇日耳曼蛮族看家护院。此后，帝国的命运就掌握在蛮族雇佣军首领手里。最后攻陷罗马的阿拉里克、奥多亚克、狄奥多里克，都是蛮族雇佣军首领。罗马兴也军队，亡也军队。塔西佗说，"罗马帝国的秘密，就在于皇帝的命运实际上把握在军队手中。"

罗马为什么无法控制军人干政？第一个重要原因是，罗马没有基层政权，因而军队代行着许多政权职能。行省总督们要仰仗军队的威势来维持治安与收税，收上来的税又变成了军饷。行省军队和税赋激增成为恶性循环。如此，本应代表中央的总督，变成了代表地方的军阀。秦汉的军队不能收税，也不能管理民政。在完善的文官制度保障下，军队都是小农，战时征召为兵，战后复耕为农。边疆部队也是屯田为生，兵农一体，没有变成罗马军队那样固化的利益群体。

第二个重要原因是罗马军人的"国家意识"有问题。孟德斯鸠说，因为军团距离罗马太遥远，便忘记了罗马。"当军团越过了阿尔卑斯山和大海的时候，战士们不得不留驻在他所征服的地方，逐渐地丧失了公民们应有的精种，而在手中掌握着军队和王国的将领们感到自己的力量很大，就不想再听命于别人了。于是士兵们这时就开始只承认自己的将领了，他们把自己的一切希望都寄托在将领的身上，而且和罗马的关系也越发疏远了"①。

　　并非如此。汉朝与西域近万里之遥，中间隔着世界第二大流沙沙漠。但汉将班超赤手空拳仅靠千把散兵，凭着纵横捭阖的外交军事智慧，在西域诸国数十万军队围裹中，为东汉重建了西域都护府，打通了丝绸之路。西域各国与相邻的月氏贵霜等国都只敬服他一人。他完全可以割据自重。但他为汉朝苦心经管西域30年后，只提出一个要求，就是归葬故土，不带走一兵一卒一草一木。他的成就，是在政治极其困难的情况下完成的。他的胞兄班固是与司马迁齐名的史学大家，追随外戚窦宪驱逐北匈奴，起草了《燕然山铭》，之后卷入窦宪宫廷案，以61岁高龄身死图圄。此时的班超孤悬西域，前有未克之敌，后有不可测之政治风险。他不仅没为兄长之事抱怨，反而集中精力打下最艰难一仗，彻底拿下了北道诸国，西域50国全部归附汉朝。战后，班超病入膏肓，屡屡上书乞求回归汉土而不见应答。他妹妹班昭上书求情，这才在死前一个月万里回朝，总算"生入玉门关"。两汉像班超

---

① 参见孟德斯鸠：《罗马盛衰原因论》，婉玲译，商务印书馆1995年版，第48—49页。

这样的将军还有很多，如卫青、霍去病、马援、窦融等。

有意思的是，班超放权乞归的这一年（公元 69 年），正是罗马边疆军阀首次干预中央政权的那一年（公元 68—70年）。有人说，罗马军人能够干政，是因为罗马皇权是"相对专制"，而汉朝皇权是"绝对专制"。似乎军人不造反的唯一理由是受到强力管制。更非如此。东汉黄巾之乱，名将皇甫嵩出师剿灭，威震天下。当时弱主奸臣当道，有人劝皇甫嵩拥兵自重，否则功高震主后更会性命不保。皇甫嵩却说："夙夜在公，心不忘忠，何故不安？""虽云多谗，不过放废，犹有令名，死且不朽"。他回到长安，放下兵权。

在皇权没有强制之力时，军人为什么还要遵守规则？这并非畏惧皇权专制，而是主动服从国家秩序。中国虽然也出现过藩镇割据与军阀混战，但从来没成为主流。中华文明大一统精神产生了"儒将"传统。在法家体制与儒家意识双向发力下，中国古代最终实现了由文官控制军队，保证了长久稳定。虽时有反复，但总算渐成体制。海外汉学家们公认，"文官控制军队"是中华文明又一重要特征。西塞罗的"让刀剑听命于长袍"的梦想，反倒在中国实现了。

六、基督国教

（一）"上帝之城"与"人间之城"

西罗马帝国最后 150 年的主旋律，是基督教。

原始基督教，源于中东巴勒斯坦，是"渔夫和农人"的朴素宗教。这些底层贫民是罗马各行省从不在意的人群，也是拉丁语从未到达的人群。许多基督徒也不在意罗马，他们属于"上帝之国"的兄弟，而不属于"尘世之国"的公民。他们拒绝服兵役，拒绝任公职，拒绝向罗马多神献祭，拒绝向皇帝的雕像焚香跪拜。

罗马本土的多神教，没有严肃的道德规范①，无法制约罗马社会堕落。罗马堕落源于富有。毫无节制的个人享乐成为了社会风尚，婚姻家庭责任全面瓦解，国家居然要靠立法来对独身施以重罚，要靠公务员升职来对婚内生子予以奖励。多神教已从宗教变成了娱乐②，富贵人家花钱祭神，民众参会取乐，有事求神，无事享受。

罗马越堕落，基督教越高尚。罗马国家对底层贫民、孤儿寡母、残疾病人不闻不问，只有基督徒们竭尽全力去养老存孤，去访贫问苦，去照料瘟疫死者。再往后，不光是平民，有点理想追求的精英都开始信基督。如30岁就出任意大利总督的贵族安布罗斯，信教后放弃官职，散尽家财分给穷人和教会。如生于意大利富商之家的公子哥儿法兰西斯变卖家产，穿粗布长袍、赤足托钵募捐，"方济各会"由此而来。

---

① 参见奥古斯丁：《上帝之城》，王晓朝译，人民出版社2006年版，第53页。
② 参见特奥多尔·蒙森：《罗马史》，李稼年译，商务印书馆2017年版，第184页。

多神教以宗教宽松为傲，万神殿里供奉着一万个神灵，但不同神灵的祭司各自为政，多元缺一体。基督教却纪律严明，在边远城市和蛮族地区建立了基层组织，在军队与宫廷中也发展了大批信徒，在罗马的躯体内形成一个日益壮大的"隐形国家"。

对这样强大的组织力和精神力，罗马起初感到恐惧，进行了300年屠杀迫害。公元313年，君士坦丁大帝转而怀柔，承认基督教合法，甚至赋予主教司法权，希望将"凯撒"和"上帝"统一起来。公元392年，狄奥多西皇帝正式确立基督教为国教，摧毁多神教的神庙。

罗马为什么要以基督教为"国教"？有史家说，是为了争取下层民众和平民士兵的支持。还有史家说，是因为多神教的神太多了，每个军人造反都宣称自己是某个神的后裔，一神教更有利于塑造绝对皇权。不管是哪一种，罗马皇帝们的愿望都落空了。

在君士坦丁宣布基督教合法的40年后（公元354年），罗马的北非行省努米底亚一个罗马官吏家庭，诞生了一个孩子。这个孩子按照罗马精英模式，系统学习了拉丁语、希腊语、雄辩术、哲学，尤其痴迷于维吉尔的史诗和西塞罗的政论①。当他第一次阅读《圣经》时，因其语言简陋而斥"这部书和西塞罗的典雅文笔相较，真是瞠乎其后"②。他深研新柏

① 参见奥古斯丁：《忏悔录》，周士良译，商务印书馆1996年版，第40页。
② 参见奥古斯丁：《忏悔录》，周士良译，商务印书馆1996年版，第41页。

拉图主义，也短暂信奉过摩尼教。无论哪种，都带着罗马式的慧辩。他的私生活也有罗马时尚——14 岁就和一名底层女子婚外生育了私生子。

30 岁那年，他去了米兰在罗马皇帝瓦伦提尼安二世的宫廷内当公共演讲家，颂扬皇帝，宣讲政策。罗马老政治家西马库斯认为他是希腊罗马古典文明的"火焰传承人"。然而，优渥的生活，自由的思想，宽松的环境，极低的私德门槛，都无法填补他心灵深处的缺憾。当他再次阅读"言语粗陋"的《圣经》时，却经历了一个无法言说的"神启时刻"。从此，他就变成了基督教最伟大的神学家奥古斯丁。他用已学成的希腊罗马知识，将基督教原始教义发展成庞大的神学体系。他的原罪、神恩、预定论、自由意志等思想，成为基督教教父哲学的集大成者。其后中世纪几乎所有的西方神学，都是给奥古斯丁做注脚。

被视为古典文明火种的精英，转头就开始清算希腊罗马。曾经的他为西塞罗的政论五体投地，皈依后的他改称西塞罗为"半吊子哲学家"；曾经的他为维吉尔的史诗热泪滂沱，唤作"我们的诗人"，皈依后的他改称维吉尔为"他们的诗人"；曾经的他为《埃涅阿斯纪》中的英雄辗转反侧，皈依后的他说，罗马祖先埃涅阿斯是从特洛伊废墟上抢救回来的祖先神，连特洛伊都保护不了，如何能保护罗马？

公元 410 年，西哥特首领阿拉里克攻破了罗马，洗劫了三天三夜，被称为"永恒之城的陷落"。罗马民间出现了一种呼声，认为这是因罗马抛弃了自己的多神教而信奉外来基督教所遭致的"报应"。奥古斯丁拍案而起，写了《上帝之城》予以驳斥，并彻底否定了罗马文明。他说罗马建城的罗慕洛斯杀掉兄弟而得国不正，从一开始就埋下了败亡的种子。罗马的太阳神、战神和美神没能阻止罗马人道德败坏，也并没有抵挡蛮族入侵，毫无用处①。他引用西塞罗《论共和国》，指责罗马从来没有实现正义，从没实现"人民的事业"②，因此不是共和国，只是一个"放大的匪帮"③。他甚至全盘否定了早期罗马战士"爱国即荣誉"的精神，认为所有的荣耀应该归于上帝④。连罗马早期的节制、审慎、坚忍都不是美德，只有基督教的信、望、爱才是。

奥古斯丁最后总结说，罗马的陷落是咎由自取，基督徒最终的期许是上帝之城。而教会正是上帝之城的代表。

（二）"国家之恶"与"国家之善"

奥古斯丁为什么称罗马国家为"匪帮"？考虑到罗马帝国如同"控股公司"的组织形式，考虑到长达 200 年乱军分

---

① 参见奥古斯丁：《上帝之城》，王晓朝译，人民出版社 2006 年版，第 79 页。
② 参见奥古斯丁：《上帝之城》，王晓朝译，人民出版社 2006 年版，第 76—77 页。
③ 参见奥古斯丁：《上帝之城》，王晓朝译，人民出版社 2006 年版，第 144 页。
④ 参见奥古斯丁：《上帝之城》，王晓朝译，人民出版社 2006 年版，第 201 页。

肥的中央政权，考虑到上层精英对于底层人民的抛弃，奥古斯丁用"匪帮"形容晚期罗马可能有一定原因。

但按照中国人的观念来看，罗马再不好，也是母国。恨其腐败，难道不应该先去改革制度重塑精神，使之再次成为一个伟大的国家？外族入侵时，难道不应该先投笔从戎捍卫家国，等天下太平后，再去追求宇宙真理？怎么能在尚未尽到改造国家责任之前，就全然抛弃打倒。说到底，基督教虽被罗马奉为国教，但从未与罗马血脉相连。

这是汉朝与罗马又一不同之处。一方面，儒家政治的道德伦理严格于罗马多神教，"鳏寡孤独皆有所养"是从政者的天然责任；另一方面，法家的基层治理远胜于"控股公司"，不管是精英还是人民，从不认为"国家是非正义的匪帮"。这不是靠说教能达到的，只有在现实中见过"好的国家"，人民才会拥有长久记忆。

一神教在中国很难像在罗马那样发展。因为儒家信仰涵盖天理与人伦，文官组织又贯通精英与人民，没有留给任何一神教像罗马那样的空间。更重要的是，儒家敬鬼神而远之，以人文理性立国，中华文明是罕见的不以宗教做根基的古代文明。所有外来宗教进入中国后，都必须褪去非此即彼的狂热，在国家的秩序之下和谐共处。与基督教传入罗马的同时期，佛教传入中国。三百年后赶上五胡乱华，北方胡族政权大多信奉佛教，而所有胡族帝王都主动选择儒学为官方意识形态，都主动争取华夏正统，都没有变成佛教国家。中国对佛教不像罗马对基督教那样轻率，要么屠杀镇压，要么全盘接受，而是产生了中国"禅宗"。

中国很难产生奥古斯丁这种宗教家。因为基督教的上帝之城可以脱离人间而存在，中国的天道却要在人间实现才算数。儒家知识精英很难认同宗教大于国家，反倒认为，国家有难时"遁世"才是"非义"。"以遁世为非义，故屡退而不去；以仁心为己任，虽道远而弥厉"。因为儒家意识和国家已融为一体。儒家的"教会"就是国家本身。在儒家精神浸润下，中国化宗教都对"国家价值"有着深刻认同。道教一直有着致天下太平之蓝图，佛教也认为当政者治理好国家的功德绝不亚于当一个高僧。国家观念外还有哲学观念。基督教之前的希腊哲学既有个体也有整体。但经中世纪一千年的神权压制，导致宗教改革后的"个体意识"反弹到另一个极端，此后的西方哲学执着于"个体意识"和"反抗整体"。中华文明从不曾以宗教立国，没有神权压迫，也没有对个体的执念，所以中国哲学更关注整体秩序。

自基督教与罗马国家分离之后，残存的罗马知识分子，不再背诵维吉尔和西塞罗，剑术和《圣经》变成了进身资本，主教职位更能获取地位权势。罗马的地方贵族，也不追求"光复罗马"，而是就地转化为新的封建地主。罗马文化只有很少一部分得以继承。罗马之后再无罗马。

中国东汉末年大乱不下于罗马。上层宦官外戚奸臣党争轮番权斗，基层百万黄巾军大起义。此时，在朝堂上，总站着一批杨震、陈蕃、李膺、李固、范滂这类的忠臣士子，不顾身家安危，成为黑夜中的盏盏孤灯，最后死无葬身之地。在草野之中，总生出一批桃园结义刘关张之类的贩夫走卒，主动为国家兴亡尽匹夫之责。他们永不抛弃国家永不抛弃道义。这是中国士民的主流。历史上出现的诸多昏君乱臣，从未阻断过这一主流。这一主流，虽没能改变两汉灭亡的结果，却始终高悬出一个价值观。任何逐鹿天下之人，都必须遵守这一价值观。士民信仰倒逼着英雄选择。

有人说，中国哲学中没能产生西方独立自由，是阻碍政治现代化的精神缺陷。实际上，现代西方政治中把"国家当成恶"的"消极自由"精神，不是来源于启蒙运动，而是来源于基督教中"上帝之城"与"人间之城"的分离。基督教将"罗马国家"视为恶。到最后，天主教会也被视为"恶"而被宗教改革攻击。除了上帝之外，在"众生皆罪人"的尘世间，没有任何由"人"组成的机构有资格领导其他人。从洛克的保护私有产权的"有限政府"，到卢梭的基于公共意志的"社会契约政府"，再到亚当·斯密只能做"守夜人"的政府，都是为了防范国家之恶。

而中华文明是相信"国家之善"的。儒家相信人性有善有恶，只要见贤思齐，化性起伪，总能够通过自我改造，建设成一个更好的国家。就像"国家之恶"的概念不是凭空产生的一样，"国家之善"的概念也不是凭空产生。两汉儒法并行后的盛世记忆，又将"好国家"的信念传了下去。

结　语

吕思勉说，"秦汉之世，实古今转变之大关键也"。对此转变，誉者赞为"从封建到郡县的进步"，毁者谤为"东方专制主义的开始"。

"东方专制主义"这一概念最初由亚里士多德定义，指君主对人民就像主人对奴隶，拥有随意处置的无限权力，不需遵循任何法律。但那时希腊罗马眼里的东方，仅限于埃及、波斯；中世纪欧洲眼里的东方，仅限于蒙古、沙俄，对"东方之东"的中国，几乎毫无认知。尽管早在亚里士多德定义"专制"20多年前（公元前350年），中国的商鞅变法就已实现了"编户齐民"、"一统于法"的郡县制度。

欧洲最初了解中国，是通过明清来华传教士们带回的信息，形成了短暂的"中国热"。凡尔赛宫的舞会上法王穿着中国服装；塞纳河边民众争看皮影戏；淑女养金鱼，命妇乘轿子。由此激起了两派大师的争论。一派是以伏尔泰为首的"崇华派"。他想"托华改制"，把自己的书房称为"孔庙"，给自己取笔名叫"孔庙大主持"；莱布尼茨认为中国的"科举取士"类似柏拉图的"哲学王治国"；魁奈认为"中国的制度建立于明智和确定不移的法律之上，皇帝也要审慎遵守。"另一派是孟德斯鸠为首的"贬华派"，为了指桑骂槐反对法王的"绝对王权"，而把中国塑造成东方专制的典型。同样是君主统治，西方人可以叫"君主制"（monarchy），而中国人只能叫"专制"（despotism）。因为欧洲君主制有贵族和教会制约，而中国没有。他不了解对中国君主加以制约的是规模庞大的文官体系（"皇权与士大夫共天下"），不了解相权分治、行封驳事、史官监督、言官谏议等制度设计。文官制度与基层政权是中西方国家治理体系的根本性不同。孟德斯鸠还把中国和鞑靼帝国同归一类"东方专制"进行批判。他说，即便是西方的君主暴政，也要远胜于"东方专制"①。再后来，黑格尔发明了历史从东方开始到西方结束的历史观，东方天然是落后、停滞、奴役；西方天然是进步、自由、文明。这些评论中国的大师们，除了从传教士那儿道听途说，没有一人去过中国，没有一人看得懂中文，没有一人研究过中国历史，甚至没分清有多少种"东方文明"。大师们对中国政制的一知半解，却被不少中国人自己当真了。

除了"东方专制"这条脉络，大师们对中国的误判还有很多。比如马克斯·韦伯。他说中国是"家产官僚制"，说官僚们都是君主家臣，说中国没有建立统一的财政体系，说读书人科考做官是对"官职俸禄"的投资，期待成为"包税人"，上交完正税配额后的钱全归私人腰包。这不符合基本史实。从汉代开始，财政就分为国家财政（大司农）和皇家财政（少府），皇帝从不用私钱支付俸禄，官僚也不是皇帝

---

① "鞑靼人摧毁了希腊帝国，在被征服国家中推行奴役。哥特人征服了罗马帝国，到处建立君主政体，确立自由。"参见孟德斯鸠：《论法的精神》，许明龙译，商务印书馆 2012 年版，第 324—325 页。

家臣。从秦朝开始，征税都是由县乡两级的基层税吏完成，"包税人"从不曾在大一统王朝时代存在过。韦伯描述的场景倒完全是罗马皇帝与家臣、与军队、与包税人的关系。对这类误判，中国史学家们想讲也没处讲，因为西方很少认真倾听过中国。几百年来的现代化始终以西方为中心。中国一直处于被改造被教育的边缘。今日西方之所以聚焦中国，只是由于中国工业化成功的事实使他们回头看看而已。

我们不能跟在西方中心主义后面认识自身。中国近代以来，许多改革者都在"自由"与"专制"间挣扎。如梁启超。戊戌变法失败后，他先后写了《拟讨专制体檄》与《中国专制政治进化史论》，一边说"专制政体者，我辈之公敌也"，号召人民"破坏而斋粉之"；一边又承认，中国的科举制和郡县制有着皇帝与平民联手从门阀世家、诸侯藩镇手里夺取治权的积极一面，与欧洲贵族封建历史完全不同。之后，他访问美国，当听到西奥多罗斯福总统扩充海军的两次演讲中谈到"彼中国者老朽垂死，欧洲列强当共尽势力于东亚大陆，而美国亦可同时扩其版图"时，彻夜不眠"怵怵焉累日，三复之而不能去"（《新大陆游记》，1903 年）。梁启超便又写了一篇《开明专制论》（1906 年），说中国古代儒、法、墨三家都是"开明专制主义"①，儒墨重民本，类似于沃尔夫与霍布斯；法家重国本，类似于博丹与马基雅维利。梁启超的矛盾

---

① 参见汤志钧、汤仁泽编：《梁启超全集》第 5 集，中国人民大学出版社 2018 年版，第 297—357 页。

与变化，反映了中国许多知识分子一方面想借西方文明改造自身，一方面又对西方丛林法则无法认同的痛苦心路。

秦汉与罗马，两条不同的文明道路，各有高峰低谷。我们不能用别人的高峰来比自己的低谷，也不能用自己的高峰去比别人的低谷。我们应当从高峰中体会到彼此的优点，从低谷中体会到彼此的缺陷，再寻找各自改进之途。中国历史远非完美无缺，否则就不会在近代遭遇惨败；中华文明仍需转型提升，才能真正体现与时俱进的能力。

罗马之独特价值，在于相信有限的冲突能创造活力。罗马史家林托特说，"这个社会允许其最能干的公民以广阔空间实现自我、成就伟大。这个社会所接受的是：界限之内，有活力的冲突可能富有创造性"。罗马之失不在于冲突，而在于冲突失去了界限，又没有"一体"来予以调节，最终导致大分裂。"冲突政治"最要命的就是团结需要外敌。西方史学家们认为，罗马政制一旦排除了外敌，达到一种无人能及的优势和统治地位时，一切平衡的因素都开始越过应有的"界限"而开始崩裂。罗马之衰落，从击败迦太基成为霸主之后就开始了。

两汉的独特价值，在于一体与多元并存。一体保证凝聚，多元保证活力。难在同时保持一体与多元。当一体完全压倒了多元，就开始僵化。当多元完全压倒了一体，就开始分裂。秦亡于"法家压倒一切"，西汉亡于"儒家压倒一切"，东汉亡于上下层同时分裂。如何同时驾驭"一体"与"多元"，是中国政治的永恒课题。

在真实的世界里，没有一种政治制度，能仅仅依靠制度本身得以成功。制度发挥好坏，取决于运行制度的人。因此每一种制度的真正生命力，在于是否能源源不断培育出既能维护根本价值观，又能填补其缺陷的人。今天，在于是否能培育出既能拥抱世界多元，又能坚持自身一体的青年一代。

中国不是唯一的古老文明。其他古老文明也挣扎在"现代化"和"重新审视自己"的痛苦中。然而，他们必将完成现代化，也必将开始讲述被现代化一时遮蔽的古老价值。中国如能与西方完成文明对话，就会为所有古老文明互融互鉴开辟出一条近路。

东方和西方，都站在自己的历史遗产上，谁都不可能推倒重来。但我们依然可以商量着来。

（本文曾发表于《国家人文历史》2020 年第 8 期）

引　言

中国自秦汉王朝起便确立了以郡县制为基础的中央集权体系和以儒法合流为特征的治理之道，为中华民族大一统确立了基本政治框架。与此同时，罗马帝国也形成了诸如行省制等制度，成为西方历史上最为庞大的帝国体系。然而值得深思的问题是，为何秦汉易代之后仍能"百代皆行秦政法"，而罗马帝国解体后再无重新恢复统一？这是本书的核心问题意识。

本书并不打算对秦汉王朝与罗马帝国之间作面面俱到的分析，而旨在通过秦汉统一过程与罗马征服过程、秦汉与罗马中央治理体系、秦汉郡县制与罗马行省制、秦汉"儒法共治"与罗马主导治国思想等问题的一系列比较，探究中华文明连续发展不中断的原因，揭示中华文明大一统观念的独特机制和文化基础，进而呈现她的历史合理性与巨大优越性。

秦汉王朝的政治体制和国家结构有几个突出特点：君主专制、中央集权、郡县制度和多民族大一统。这是一种金字塔式的层级分明的有机体。而罗马帝国建立的是一个元首或君主独裁，地方上将被征服地区以行省方式进行管理的松散的政治体。这是一种类似于拼盘的国家结构方式。二者的特点，一个是统一，内部有极强的聚合力和凝聚力；一个是吞并，内部则充满了分裂的离心力。从中央政治制度，到地方行政制度，再到统治方式的选择，都指向这一基本特点。

秦汉王朝和罗马帝国的政治可以说各有利弊得失。罗马帝国不统一、自治、分散，使得欧洲后来再也无法复制出一个疆域辽阔、人口众多、物质和精神文明高度发达的国家，西方从此分而再难合。但罗马的法律和宗教也深深影响了西方世界。若以"统一"标准衡量，秦汉王朝则有着巨大的优越性，因为大一统的历史文化认同能够使我们这个民族持续不间断地发展，这种体制能够调动最大限度的资源并最快地完成社会事务。大一统使中华文明富有强大的生命力，数千年延绵不绝。当然，这种模式也有不足，如易造成个性压抑，限制个体主观能动性的发挥。我们应本着文明交流互鉴的宗旨，科学地研究两大文明的优长与不足，美人之美，美美与共。

第一章

秦汉王朝与罗马帝国
历史发展进程

一、秦汉历史发展脉络

（一）秦朝历史发展脉络

公元前5世纪后期，经过春秋时期近300年的战争，众多诸侯国被兼并，形成了包括秦在内的战国七雄。战国七雄继续互相攻伐。日益强大的秦国先后消灭了韩、赵、燕、魏、楚、齐，最终在公元前221年统一全国，建立起中央集权的封建王朝。

公元前221年（秦始皇二十六年），秦朝作为中国第一个封建王朝，其版图情况如下：南方边界，"西起四川成都、重庆，经贵州的思南、黎平，湖南的靖州、郴州，江西的南昌，安徽的宁国，到浙江绍兴一线"。北方达"今内蒙古大青山以南黄旗海、岱海、乌审旗，甘肃洮河中游，宁夏贺兰山、青铜峡、山水河以东"。①

---

① 林剑鸣：《秦汉史》，上海人民出版社2019年版，第63页。

在上述南北两线之外，还活跃着百越、西南夷和胡人等我国古代少数民族。这些少数民族自古便是中华民族大家庭的成员，但尚未服从新生的秦朝政府管理。为巩固和扩大统一的成果，秦朝通过一系列军事活动，最终建立起一个东至大海，西至陇西，南至岭南，北至河套、阴山、辽东的幅员辽阔的多民族统一国家，形成了自商周以来最大规模的统一局面。

秦朝的建立使秦国从春秋战国时期的区域性诸侯国，变成了中央集权的东方大国。为适应新的统治形势，新的政治制度应运而生。首先，定最高统治者的称号为"皇帝"。古代"皇"有"大"之意，"帝"为神话中主宰万物的最高天神。①"皇帝"之称乃是神化君权的重要手段，用以加强皇权。接着，皇帝之下设立了一整套从中央延伸到地方的政权管理机构。秦代中央官制可以归纳为"三公九卿"。"三公"之中，丞相为百官之首。在统一前的秦国，"丞相不仅是国内最高行政长官，也可率兵出征，为最高军事首领"。②秦统一全国之后，为加强皇权，将丞相的军事权剥离，使其仅为文官之首。由此出现了"三公"中另外一个与丞相地位相等的，执掌兵权的官职——"太尉"。但在秦朝太尉有其位却无其人，即该职没有委派给任何人，军权实际上在皇帝的掌控之中。③同时，丞相的权力又被秦统一后所设立的御史大夫牵制。御史大夫相较于丞相，位低而权

① 林剑鸣：《秦汉史》，上海人民出版社 2019 年版，第 48—49 页。
② 林剑鸣：《秦汉史》，上海人民出版社 2019 年版，第 95 页。
③ 林剑鸣：《秦汉史》，上海人民出版社 2019 年版，第 98—100 页。

大，"举凡丞相有权处理之事，御史大夫均可过问，而御史大夫之许多职权，则为丞相所无"。①这样，朝廷最重要的官职处于相互牵制和分权的状态，权力进一步收归皇帝之手。

"三公"之下设有"九卿"。所谓"九卿"，职位并非仅限于九个。据《汉书·百官公卿表》记载，此类官职如下：

> 奉常，秦官，掌宗庙礼仪。
>
> 郎中令，秦官，掌宫殿掖门户。
>
> 卫尉，秦官，掌宫门卫屯兵。
>
> 太仆，秦官，掌舆马。
>
> 廷尉，秦官，掌刑辟。
>
> 典客，秦官，掌诸归义蛮夷。
>
> 宗正，秦官，掌亲属。
>
> 治粟内史，秦官，掌谷货。
>
> 少府，秦官，掌山海池泽之税，以给供养。
>
> 中尉，秦官，掌徼循京师。②

可以看到，秦朝的中央官职已相当完备，各级职官分管不同政务，同时相互牵制无人可专权。所有官员向皇帝负责，所有权力明确地汇聚到皇帝一人身上。

与中央官制相对应的，是秦朝严密的地方行政体制。秦朝

---

① 林剑鸣：《秦汉史》，上海人民出版社 2019 年版，第 96 页。

② 王子今：《秦汉史：帝国的成立》，中信出版集团 2017 年版，第 46 页。

地方设立郡、县、乡、里四级机构。各级机构的职官设置及分管职能皆为中央主要官职的辐射和延伸。秦初分天下为三十六郡，后随着疆域扩展，增加到四十六个以上。① 郡设守、尉、监御史诸官职，分管行政、军事、监察。② 郡以下设县或道。③ 秦制满万户以上的县设县令，不满万户的设县长。县令（长）下设丞、尉。县以下设乡，乡以下设里。乡吏的职称有“三老”、“有秩”、“啬夫”、“游徼”。三老掌教化，啬夫掌诉讼和赋税，游徼掌治安。④ 乡的三老、啬夫、游徼职责大致与郡的守、尉、监相对应。⑤ 里设里正或里典、老，职能与乡的政权职能大体相同。可见秦朝已经建立起了从中央到地方的一整套统治机构，官职分工明确，互相配合、牵制，如同打好的田字格，国家事务都在格中书写，整套机构都掌控在皇帝手中，充分实现了秦朝的中央集权，有利于整个国家的统一管理。

为了巩固统一、加强中央集权，秦朝除了设立完备的行政体制，还在经济、文化等领域推行了一系列政策。秦始皇颁布“使黔首自实田”⑥ 的法令，进行全国土地登记，以了解战后土地占有情况，从而稳定赋税收入。秦始皇还坚持贯彻“上农除

① 谭其骧：《秦郡新考》，《浙江学报》1947年第1期，收入其著《长水集》上册，人民出版社2011年版，第1—12页。
② 王子今：《秦汉史》，中国人民大学出版社2013年版，第38页。
③ 县与道平级，均为郡的下一级行政单位。内地均设县，只有少数民族地区设道（见林剑鸣：《秦汉史》，上海人民出版社2019年版，第109页）。
④ 孟祥才：《中国历史·秦汉史》，人民出版社2009年版，第79页。
⑤ 林剑鸣：《秦汉史》，上海人民出版社2019年版，第111页。
⑥ 司马迁：《史记》卷六，《秦始皇本纪》，中华书局2011年版，第251页。

末"的国策,鼓励人民从事农业和手工业的生产,打击商业及与农业生产无关的活动,以维护以农业生产为基础的封建社会的秩序。同时,秦朝政府统一全国的货币和度量衡,将原来秦国流行的一种文为"重十二朱"(半两)的方孔圆钱,在全国推广。① 以原秦国的单位为标准(商鞅时制定的度量衡标准器),统一全国的度量衡制,淘汰与之不符的制度。此外,秦朝还统一文字的字形和用字,在全国推行小篆,隶书也广为流行。在中国悠久的历史长河中,政权分裂割据的局面时有出现,各地方言不同,但相同的文字成为无法割裂的统一因素。统一的文字也是中华文明延续千年的物质载体。因此秦朝的"书同文字"② 对中国的统一和发展意义重大,对后世中华文明的延续有着深远影响。

秦统一中国后,立即下令拆除阻碍交通的关塞、堡垒,修建以首都咸阳为中心,通往全国各地的"驰道",加上向北延伸的"直道",在西南边疆的"五尺道"和在今湖南、江西、广东、广西间修筑的"新道",构成了以首都为中心的四通八达的道路交通网,将全国各地紧密地联系到一起。同时规定"车同轨"、"舆六尺",令交通往来更加便捷③。为巩固国家统一,抵御匈奴进犯,秦始皇修建了西起临洮,东至辽东的万里长城,在北方构筑了牢固的防御体系。道路交通的开辟和长城

① 林剑鸣:《秦汉史》,上海人民出版社 2019 年版,第 142 页。
② 司马迁:《史记》卷六,《秦始皇本纪》,中华书局 2011 年版,第 239 页。
③ 林剑鸣:《秦汉史》,上海人民出版社 2019 年版,第 150—151 页。

的修建，对于消除地方割据势力，加强中央集权，促进国家统一，都具有重要的作用。

秦始皇十分强调以法律的形式巩固封建秩序，①但刑罚严苛致使人民受苦。同时秦朝赋税和徭役都十分繁重，社会矛盾尖锐。秦始皇死后，其子胡亥继位，为秦二世。秦二世荒淫腐化，对人民的压迫也更加残酷。公元前 209 年，陈胜、吴广举起反秦大旗。在起义军的影响下，许多郡县的农民响应起义。在众多的起义军队伍中，项羽和刘邦领导的农民军是陈胜死后两支最强大的力量。公元前 207 年，刘邦、项羽先后兵临咸阳，秦亡。之后，刘邦和项羽为争夺权力，发生了激烈的斗争。公元前 202 年 12 月，刘邦围困项羽于垓下（今安徽省灵璧县东南），项羽兵败自杀。刘邦统一天下，建立西汉王朝，定都长安。

（二）汉朝历史发展脉络

1. 西汉政权的建立与巩固

公元前 202 年"楚汉战争"结束后，中国再次统一于新的中央政权——汉。西汉（公元前 206—公元 25 年）②是我国统一的多民族国家政权巩固和发展的重要时期。西汉历史可以分为三个阶段：西汉前期（高祖、惠帝、高后、文帝、景帝）；西

---

① 林剑鸣：《秦汉史》，上海人民出版社 2019 年版，第 128 页。

② 其中包括新莽（公元 8—23 年），刘玄更始政权（公元 23—25 年）。为了与公元 25 年刘秀建立的，定都于洛（雒）阳的汉王朝相区别，而称为"西汉"。

汉中期（武帝、昭帝、宣帝）；西汉后期（元帝、成帝、哀帝、平帝）。第一个阶段是西汉经济恢复期；第二个阶段是西汉发展的鼎盛期；第三个阶段是西汉王朝的衰落期。

西汉建立初年，面对已饱受战争折磨的国家，其首要任务就是恢复生产，巩固政权，稳定统治秩序。西汉政府一方面推行"休养生息"政策；另一方面通过不断打击地方割据势力加强中央集权。

西汉初年，六国旧贵族仍然是强大的地方势力。刘邦听取刘敬的建议，将东方六国强族以及豪杰名家十余万口迁往关中，抑制了他们的分裂活动，达到了"强本弱末"的效果，加强了中央集权。迁徙地方豪强以实关中的政策为西汉政权长期坚持，是维护西汉王朝中央集权的重要举措之一。

刘邦在建汉初年对在楚汉战争中的功臣大加分封，由此产生了异姓诸侯王。他们占据大量土地，割据一方，是统一的隐患，构成了中央集权的严重障碍。因此，汉朝中央政权采取果断措施，削除异姓诸侯王。在消灭异姓王的过程中，刘邦又分封刘氏宗室为诸侯王，用以藩屏汉室。然而，随着同姓诸侯王势力的崛起，王国逐渐强大难制。此时，加强中央集权的重点，就转变为对刘氏宗室领导的地方权力的削弱。

刘邦所封的同姓诸侯王，占据了汉朝国土的大部。"当时全国大约有五十四个郡，各诸侯国就占三十九个郡，仅齐一国就有七郡。归西汉王朝中央政府统辖的，只有十五个郡了。"① 这些诸侯国在汉初羽翼未丰，暂时对国家统一没有构成威胁，但到了汉文帝时期，他们的实力迅速膨胀，严重影响了中央集权，再次成为威胁中央皇权的隐患。汉景帝时，晁错② 提出的削减诸王国领地的主张得到采纳，引发了公元前154 年的"七国之乱"。汉景帝平定"七国之乱"后，采取了一系列削弱诸侯国的措施，巩固削藩成果，以加强中央集权。首先，汉景帝继续推行贾宜提出的"众建诸侯而少其力"的政策，在吴、楚、赵、齐四国旧地先后分封了十三位皇子为诸侯王，使新分封的诸侯国缩小很多，根本无力与中央对抗。然后，中央朝廷在制度上打压诸侯王的权力和地位：免除了各诸侯王的治民权；削减了王国官吏的数量及其职权，改称诸侯国的丞相为相，省御史大夫；剥夺诸侯王官吏任免权，将该权收归皇帝。从此，诸侯王势力受到限制，中央集权走向巩固，国家统一显著加强了。

汉初统治者总结秦朝迅速灭亡的教训，推行"无为而治"的"与民休息"的统治政策，使社会经济得以快速恢复和发展，为后来的文、景帝时期的和平稳定奠定了基础。汉文帝和汉景帝在位共41 年，继续实行轻徭薄赋、奖励生产的政策，改变了汉初经济落后的形势，开创了"海内安宁，家给人足，后世

---

① 林剑鸣：《秦汉史》，上海人民出版社 2019 年版，第 289 页。
② 晁错，颍川人，汉文帝时为太子家令，深得当时尚为太子的景帝的信任，被称为"智囊"。参见林剑鸣：《秦汉史》，上海人民出版社 2019 年版，第 293 页。

鲜能及之"①的新阶段，史称"文景之治"。经过"文景之治"，西汉经济得到了恢复和发展，汉朝政府由此有能力强化国家机器，加强对各地人民的控制。公元前 140 年，汉武帝刘彻继位，开启了数十年不断加强专制统治的历史进程。汉武帝继位后的第一个决策就是放弃汉初主张"无为"的"黄老之学"，提倡儒学，因为儒学是先秦诸子学说中，唯一适合于巩固封建大一统需要的。②汉朝统治者利用儒学作为正统思想，加强对人们思想控制，在当时有利于专制制度的加强和国家的统一。

在统一思想的同时，汉武帝对官制和军制也进行了一系列的改革，通过官僚机构和军队总揽一切大权，实现专制主义中央集权。首先，针对中央，汉武帝对官制进行了重大改革，形成了"中外朝"。"中外朝"的出现是强化皇帝对官员直接控制的结果。自秦朝建立以来，中央政事一直由丞相把持，丞相位隆权重，形成了长久以来难以开解的皇权与相权的矛盾。在封建王朝中，加强专制主义中央集权，实际上就是要加强皇权。要实现皇权的加强，就务必要稀释相权。这方面的努力从秦始皇就开始了，至汉武帝时，取得了巨大成果。汉武帝提升原本地位不高的尚书的职权，并且"从身份低微的士人中破格选用人才，担任参与国家政治中枢主要决策的侍中、常侍、给事中等职，让他们能够出入宫禁，随侍左右，顾问应对，参议要政。这些成为近臣的官员，身份相当于皇帝的宾客和幕僚。皇

---

① 司马光：《资治通鉴》卷 15，中华书局 2014 年版，第 514 页。
② 林剑鸣：《秦汉史》，上海人民出版社 2019 年版，第 320 页。

帝亲自任命和直接指挥的高级将领，也往往参议机要"①。上述这些官员形成汉朝宫内的决策集团，被称为"中朝"或"内朝"。与以丞相为首的政务机关"外朝"相对应。"'中朝'的出现，使中央政权实际存在两个官僚体系：由位低权重又无定员的宫内官组成的'中朝'，起着决策作用，而以丞相为首的'外朝'，则实际成为执行机构，皇帝又通过刺史监察地方官和豪强。这样，由中央到地方的一整套官僚机构均操纵在皇帝手中，从而加强了专制主义中央集权。"②

为适应新的官僚体制，汉武帝还开辟新的选官制度，通过察举制和征召的办法，扩大统治基础，将更多的人才吸收到官僚机构中，有力加强了中央集权。同时，汉朝还强化和完善法制，通过法律加强对各级官吏的管理，稳定封建统治秩序，以巩固和强化现有统治状况。汉武帝设置十三州刺史和司隶校尉，"以六条问事"，加强对郡国守相、强宗豪右的监察和督责。军队是中央政权的重要支柱。汉武帝对军制也进行了改革，以提升军队力量，相继建立八校尉、期门、羽林，扩充中央军力，强化对军队的直接控制。

在推行上述各项制度的同时，汉武帝也采取措施，加强中央对地方的控制。当时在地方上拥有强大实力，能够威胁到中央权威的势力主要分为两类群体：一类是诸侯王和豪强地主，一类是富商大贾。针对豪强地主，汉武帝采取的措施

---

① 王子今：《秦汉史》，中国人民大学出版社 2013 年版，第 138 页。
② 林剑鸣：《秦汉史》，上海人民出版社 2019 年版，第 334 页。

是任用酷吏，严厉打击不法地主，并且迁徙强宗大姓，不允许他们族居；针对诸侯王，则是实行"推恩令""酎金夺侯"，削夺王侯土地和爵位，并且颁布《左官律》和《附益法》，歧视王国官吏，限制士人与诸侯王交游，进一步打压其势力。

对于凭借自身经济实力而对国家的经济稳定产生不良影响的富商大贾，汉武帝也果断采取打击措施，以加强中央对全国经济的控制。首先，统一货币，禁止私铸，将铸币权收归中央，国家垄断货币的铸造，统一官制铸币材料，以打击盗铸。设置铸钱的专门机构——三官（均输、钟官、辨铜），规定非三官钱不得通行，打击了富商大贾的盗铸行为。汉初允许盐铁私营，国家除收税外，对盐铁生产并不干涉，致使一些商人聚敛财富，势力膨胀，不仅影响中央财政收入，甚至助长了土地兼并。对此，汉武帝实施盐铁官营，在全国各地设置盐铁官，控制了盐铁的生产和销售。同时，汉朝中央还实行均输法和平准法。在中央设立均输官。均输官到各地收购物资，将各地应当运交中央而中央并不需要的物资运至售价较高的地区出售，再采买该地物产，至他地出售。如此交换买卖于各地之间，最后把中央所需货物运回长安。"平准"即平抑物价，在京师设置平准机构，通过垄断商品，贵卖贱买，从而调节供需，稳定物价，打击商人的投机行为。朝廷还颁布算缗令，向工商业者征税，命其首先自行上报财产，作为收税依据。同时，推行告缗令，奖励揭发不如实上报者。西汉中央政权通过上述经济政策，进一步把控国家经济命脉，打击了地方商贾的势力。通过削弱豪强地主和富商大贾的实力，汉朝强化了中央对地方的控制，巩固了中央集权。

西汉强大的中央集权是维护国家统一的重要保障。汉武帝多次派大将卫青、霍去病出击匈奴。基本上解除了来自北方的威胁，促进了北方边郡与中原内地之间的经济和文化的交流。为夹击匈奴，张骞两次出使西域，传播了汉朝的声威，也增进了西汉王朝对天山南北等地区的了解，开启了汉朝与西域诸民族的交往。此后，西域民族政权纷纷与汉通好。汉朝也设"西域都护"管理鄯善以西的"南道诸地"，并兼护北道诸地，加强了对这一地区的影响和控制。居住在今四川、云南、贵州等省的少数民族，秦汉时称为"西南夷"。早在秦朝时期中史就在这里设郡治理并修筑"新道"以加强对该地区的管理。武帝时继续在这些地方设置郡县，促进了汉文化与西南少数民族文化的融合，带动了落后地区经济文化的发展。少数民族地区与中原地区联系的加强，无疑对我国多民族国家的统一与发展十分有利。

公元前 87 年，汉武帝去世，昭帝继位，开启了"昭宣中兴"的时代。在汉武帝统治后期，由于连年的战争和中央的巨大开支，国家出现经济紧张，社会矛盾日益尖锐。为缓和矛盾，汉昭帝及其后的汉宣帝再次推行较为宽松的统治政策，奉行与民休息的精神，使社会生产力有所恢复，延续了西汉中期繁荣的局面。公元前 48 年，汉元帝继位后，西汉又经历了成帝、哀帝、平帝的统治。此阶段西汉政权逐渐衰落。社会矛盾不断尖锐，统治阶级内部也迅速分化。终致王莽代汉自立，西汉王朝覆亡。

2. 东汉政权的建立与衰亡

西汉末年，王莽代汉自立，为挽救统治而托古改制，最终非但没有成功，反而使社会矛盾进一步激化，成为引发大规模农民起义的导火索。在绿林、赤眉农民起义的烈火中，王莽被杀，"新"朝灭亡。随后，起义军各支力量陷入对最高权力的争夺中。在这场争夺战中，刘秀获得胜利，于公元25年建立了东汉①王朝。东汉（公元25—220年）历经光武帝、明帝、章帝、和帝、殇帝、安帝、少帝、顺帝、冲帝、质帝、桓帝、灵帝、少帝、献帝。

东汉的开国皇帝刘秀，起兵反王莽后，立即打出了光复汉业的旗帜，后迅速当上皇帝，史称汉世祖、光武帝。从公元25年至36年，光武帝刘秀平定了地方割据势力，实现了全国统一，建立起统一的专制主义中央集权国家。

为巩固新建立的专制主义中央集权，东汉统治者采取宽松的统治方式，基本上奉行与民休息的原则，实行促进生产力发展，缓和阶级矛盾，稳定社会秩序的政策。这有利于人民恢复生产，推动社会经济的发展。在制度方面东汉不断强化中央集权。东汉建立后，刘秀总结西汉因外戚篡权而亡，以及地方豪

---

① 刘秀为汉高祖刘邦后裔，建立的政权也定名为"汉"，因其首都定在洛阳，在原西汉首都的东方，故称"东汉"。

强势力膨胀的教训，进一步加强专制皇权。东汉之初就施行
"退功臣而进文吏"①的政策，对开国功臣许以厚禄，但不给功
臣实权实职，剥夺他们的兵权。功臣除任边将外，多在京城以
列侯奉朝请（定期参加朝会），与公卿参政议政的很少。从而
避免了功臣功高盖主，侵犯皇权的现象，有利于皇帝加强对统
治机构的控制，广泛任用贤才。

　　东汉统治者在西汉官制的基础上，继续推进改革，进一步
加强中央集权。秦朝及西汉初年，中央政权皆实行丞相制。汉
武帝时期"中朝"出现，丞相权力被削弱。汉成帝时设置三公
官——丞相、大司马、大司空，将丞相权力一分为三。哀帝
时，丞相改为大司徒。三公互不统辖，中央政府的实际权力总
归于皇帝。皇帝倚重于近侍"尚书"处理政事，尚书的职权扩
大，员额增多。刘秀称帝后，"虽置三公，事归台阁"，继续强
化中朝的作用。先是延续西汉末年旧制，后又将三公名称改为
司徒、司空和太尉。"三公"虽然是名义上的政府首脑，但实
际权力遭到削弱。同时，一些中朝官职也被裁并，使尚书台更
能集中事权。中央与地方的政务完全通过尚书台总揽于皇帝。
"三公"、"九卿"只奉命办事，尚书台机构变得更加庞大，演
变为朝廷的中枢机构。同时，东汉强化监察制度，以对官僚系
统进行监督，加大对地方的控制力度。一方面，御史大夫改为
司空，职务性质有所改变，但是，光武帝以御史中丞为御史台

① 范晔:《后汉书》卷一下,《光武帝纪》第一下，中华书局2011年版，第
85页。

主，成为独立的监察官。另一方面，设置司隶校尉①，并赋予其很大的权力，督查京师百官及近郡犯法者，使之可以维护皇权。御史中丞、司隶校尉与尚书令在朝会时并专席而坐，为京师显官，号称"三独坐"。同时，刺史的监察范围扩大，并且拥有劾奏之权等。"司隶校尉和刺史，都是地方的检察官，兼领一州，有时中央要职，有监察公卿的权力。再加上御史台这一中央总监察机构，三套监察系统的恢复和加强，在东汉初年对加强皇权起了巨大的作用。"②

与中央相呼应，东汉对地方的管理也进一步加强。东汉虽然与西汉一样实行郡国并行的制度。但分封的王国力量与西汉时期却不可同日而语。东汉诸侯王一般食封一郡，优赐者也不过兼一郡而已，也无行政权。光武帝还申明旧制"阿附蕃王法"等，加强对诸侯王的抑制和防备。东汉时期，中央对王国管理，事实上与郡相差无几。由此，诸侯国不会形成地方割据势力，完全无力与中央对抗。朝廷对地方的管理政策可以得到很好的贯彻实施。

东汉中央政权对军队的控制也进一步加强。根据西汉的军队编制，军队分为中央军和地方部队。为将军事力量集中在中央，光武帝废除内郡地方兵，裁撤郡国都尉官，取消郡内每年

---

① "为了执行对地方郡国官员的监察，刘秀全面恢复十三部刺史。其中监察首都及周围七郡的是司隶校尉，也是在朝会时享有'专席独坐'殊荣的高官之一。秩级比其他部刺史高。"——参见孟祥才：《秦汉史》，人民出版社2009年版，第422页。

② 林剑鸣：《秦汉史》，上海人民出版社2019年版，第785页。

征兵操练的都试制，地方军遭到极大的削弱。国家军队多由募兵组成，其指挥权基本上集中在中央和皇帝手中，这样就加强了中央对地方的掌控力量。

东汉还继续沿用西汉时期推崇儒学的文化政策，利用儒家思想维护中央集权的统治。刘秀所推行的许多政治、经济和文化政策，大多以儒学作为理论依据。同时，东汉统治者还利用当时流行的谶纬之学①，达到神化皇权的目的。

公元 57 年，刘秀死，明帝和章帝相继即位，都还能守住刘秀的帝国遗产。东汉政权较为稳定。同时，他们也都继续推崇谶纬经学，以此来巩固其中央集权的统治。民族关系也有了新的发展。明帝永平十六年（公元 73 年），东汉政府派窦固等率兵大败北匈奴，着手恢复与西域诸国的往来。此后，在班超的苦心经营下，西域地区和中原的经济文化联系更加密切，通往西亚各国的"丝绸之路"重新畅通。从统治机制来看，东汉皇权得到有力加强，专制体制进一步完备。

到了桓帝、灵帝统治时期，统治阶级日益腐朽，加上水旱

---

① 谶，是神的预言；纬，是对儒家经典的解读。《四库全书总目提要》中说："案儒者多称'谶纬'，其实谶自谶，纬自纬，非一类也。谶者，诡为隐语，预决吉凶；《史记·秦本纪》，称卢生奏录图书之语，是其始也。纬者，经之支流，衍及旁义。"（永瑢等撰：《四库全书总目提要》（二），商务印书馆 1933 年版，第 62 页。）"谶纬的核心内容是政治思想，主要讨论'受命之符'、'皇道帝德'等天下治乱、国家兴衰、政教得失、君臣离合等。"（张鸿、张分田：《王充》，云南教育出版社 2009 年版，第 94 页。）简言之，谶纬就是将对儒家经典的附会、解读与迷信语言结合到一起，探讨国家兴亡之大事，在东汉时期极为流行。

蝗灾连年不断，人民生活困苦，在走投无路之下，起而反抗。最后，席卷许多州郡的黄巾起义瓦解了东汉王朝。公元189年汉献帝刘协被董卓挟持迁都长安。从此，东汉政权名存实亡，中国历史进入三国时期。

二、罗马历史发展脉络

史学界一般把罗马历史分为三个时期，即王政时期、共和时期和帝国时期。从公元前753年到公元前509年，也就是从传说中的罗慕路斯建城到共和国建立这一历史阶段，历史上称为"王政时代"。公元前509年，罗马人永久废除了王政，共和国从此诞生。公元前23年，屋大维将共和传统当作维护帝国统治的手段，元首政体在罗马正式建立起来，并一直维持到公元284年。

（一）罗马从王政到共和
1.罗马城的兴起与王政时代

罗马城的建立大致经历了四个阶段：罗马方城、七丘联盟、与萨宾部落合并时期和城墙建立期。从公元前753年到公元前509年，是罗马历史的"王政时代"。因为在这个时代出现了像军事首长一样的"王"（即勒克斯）。"王政时代"的前期处于父系氏族公社的末期，是由氏族制度向国家过渡的阶段。自公元前8世纪中叶到公元前509年这250年间，传统认为罗马共有七个王，他们分别是罗慕路斯、努玛、图努斯、安库斯、老塔克文、塞尔维乌斯和小塔克文。

在塞尔维乌斯担任勒克斯的时候，罗马的形势发生了很大变化。他对罗马的军事和政治制度进行了一系列改革，以适应当时的变化。塞尔维乌斯通过这次改革所创立的制度，实际上是富有阶级统治，由一切有产者参政的制度。无产者被剥夺了参政权。因此这次改革具有明显的阶级性，它是罗马国家最后形成的重要标志。[1]

2. 共和国时代

公元前 509 年，罗马人民在卢契乌斯·朱尼乌斯·布鲁图斯（Lucius Junius Brutus）、斯普利乌斯·卢克里提乌斯（Spurius Lucretius）等贵族的领导下，赶走了暴君高傲者塔克文，并永久废除了王政。共和国由此诞生。

罗马共和国有一个重要的主题，就是平民与贵族之间的斗争。根据李维记载，罗慕路斯因为感到现实政治的需要，从罗马各部族的富人当中挑出 100 位贵族组成一个议政团体。在罗慕路斯之后，这个团体继续扩充，最终发展成我们所熟知的元老院。[2] 元老的家族和后代被称为"贵族"。社会成员中没有元老的部族被称为平民（plebeians，源自拉丁语 plebs，表示人

---

[1]　朱寰主编：《世界古代史》，高等教育出版社 2018 年版，第 233 页。

[2]　Livy, *History of Rome*, Books 1-2, with an English translation by B. O. Foster, Cambridge, Massachusetts: Harvard University Press, 1919, 1. 8（7）. 下文古典作品国际惯例标示，仅标注引文在作品中的卷、章、节。

民）。早期的所谓平民并没有任何阶级、身份内涵，只是简单地代表那些没能赢得国王青睐的部族。①后续平民成分变得复杂，"主要由脱离保护关系的依附民、零散迁居罗马的外邦人以及较后被罗马征服的拉丁部落居民组成"。②平民与贵族在政治、经济、社会地位上不平等，加之土地分配上的不合理，以及债务带来的压力，二者之间矛盾日益尖锐。

平民在斗争过程中，采用不合作的方式，迫使贵族谈判、让步。平民的胜利主要表现为一系列官职和法律方面的改革，可以分为两个阶段：第一阶段大约从公元前494年至公元前367年，平民以保护其切身利益作为斗争的主要目标；第二阶段从公元前367年至公元前287年，平民以争取政治权利为主要目标。在这个过程中，罗马诞生了保民官、《十二表法》、坎努利乌斯法、李锡尼和绥克斯都法、波提利乌斯法等官职和法律，越来越多的官职也逐步向平民开放。公元前287年霍腾西乌斯法通过，标志着平民与贵族在法律上平等地位的确立。罗马共和国早期平民反对贵族的斗争至此结束。

共和国建立初期，罗马还只是意大利中部第伯河畔的一个小城邦，周围时有强敌出现。公元前493年，罗马人与拉丁人签订了一项同盟条约。这是一个以罗马为一方，以拉丁全体城邦为另一方的战时同盟。利用这个同盟，罗马人对外取得了一

① 关于元老院与平民阶层的出现，参见［英］彼得·琼斯：《罗马帝国档案》，孙逸凡译，北方文艺出版社2015年版，第13页。
② 杨共乐：《罗马史纲要》，商务印书馆2007年版，第33页。

系列的胜利。

经过了整整两个世纪的与强邻作战，罗马最后通过维爱等战争，征服了意大利北部，从而使波河以南、第伯河以北的广大地区都成了其领土的一部分。大约从公元前 4 世纪 40 年代起，罗马人开始了新一轮扩张。通过三次萨莫奈战争，将萨莫奈地区收入囊中。罗马实际上也就控制了意大利中部地区。公元前 280 年，罗马与他林敦之间的战争爆发。经过三次皮鲁士战争，公元前 272 年，罗马包围他林敦，他林敦投降。至此，除波河流域高卢人的居住地外，意大利半岛其余地区都被罗马征服了。

罗马大规模的海外扩张，始于公元前 264 年至前 241 年与迦太基的第一次布匿战争。① 随后，罗马与迦太基又发生了两次布匿战争。最终，迦太基被罗马军队攻陷。罗马人在迦太基领土上建立了阿非利加行省。至此，罗马已经完全成为西部地中海的主人。随后，罗马又通过对马其顿的战争和对塞琉古安提奥库斯三世的战争，完成了对地中海东部的征服。罗马帝国由此从一个地区性强国逐渐发展成为一个称霸地中海的世界大国。

（二）罗马帝国时代

共和国末期，罗马陷入内战。这场内战最终的胜利者是屋大维。他开创了罗马历史的新时代。

---

① 罗马将迦太基人称为布匿人，因此迦太基人与罗马人的战争被称作布匿战争（Punic war）。

1.元首制的建立

公元前 29 年，屋大维从东方回到罗马，受到元老和罗马人民欢迎。公元前 30 年，屋大维获得终身保民官职，长期握有保民官的一切大权。公元前 28 年，屋大维趁元老院改组，取得组织新元老之权。他自己居于元老之首，称"首席元老"。公元前 27 年 1 月 16 日，为了感谢屋大维对国家的忠诚，元老院尊称其为"奥古斯都"（Augustus）。此后，奥古斯都把控了罗马帝国的一系列大权，包括执政官兼监察官权，终身保民官权，"首席元老"（Princeps Senatus）权，"首席公民"（Princeps Civitatis）权；同时他还握有大范围行省总督权。这些行省均有驻军，所以奥古斯都也由此获得了帝国的最高军权。通过一系列措施，元首政体的合法性最终在罗马得到了正式承认。元首政治在维护帝国的统治和安全方面作用巨大。[①]

公元 1—2 世纪是罗马帝国相对稳定的时期，也是元首政治不断发展和完善的时期。在这段时间里，罗马人总共经历了朱理亚·克劳狄王朝（公元 14—68 年）、弗拉维王朝（公元 69—96 年）和安敦尼王朝（公元 96—192 年），历时 178 年。

2.朱理亚·克劳狄王朝

公元 14 年，奥古斯都去世，其继子提比略继承元首位。此后，从公元 14 至 68 年，罗马先后有四位元首执政：提比略、卡里古拉、克劳狄和尼禄。"因为他们都是奥古斯都及其

---

① 关于罗马元首制的建立，参见杨共乐：《罗马史纲要》，商务印书馆 2007 年版，第 186—188 页。

第三任妻子李维亚的亲族，又是朱理亚和克劳狄两个氏族的成员，所以一般把他们统治的时期叫做'朱理亚·克劳狄'王朝时期"。①

提比略在位 20 余年，"因袭奥古斯都的成例，精兵简政，协调各方关系，加强行省的经济发展；同时，不轻易对外用兵，为罗马赢得了 20 年的和平环境"。②财政方面，他崇尚节俭，为罗马积累了大量财富。公元 37 年，提比略死，元老院选定提比略继子日耳曼尼库斯之子盖约·凯撒继位为元首。盖约·凯撒（公元 37—41 年在位），绰号"卡里古拉"（Calicula）。提比略留下的帝国财富很快就被他消耗一空。最终在公元 41 年，罗马禁卫军发动宫廷政变，将盖约·凯撒刺死，并拥立其叔父克劳狄为元首。"克劳狄在位期间，积极完善自奥古斯都以来逐步建立起来的元首制新政权机构"，在人才选拔制度上实施开放政策，大胆启用被释奴协助自己治理国家。克劳狄还扩大行省居民的公民权，吸收高卢上层加入元老院，拓展统治基础。③公元前 54 年，克劳狄去世，其继子尼禄当上元首。公元 68 年，高卢总督温第克斯率先起兵反抗尼禄的统治。尼禄最终在帝国各地军民的反抗声中自杀身亡。尼禄之死，标志着朱理亚·克劳狄家族垄断元首地位的结束。④

---

① 杨共乐：《罗马史纲要》，商务印书馆 2007 年版，第 205 页。
② 杨共乐：《罗马史纲要》，商务印书馆 2007 年版，第 208 页。
③ 杨共乐：《罗马史纲要》，商务印书馆 2007 年版，第 209—210 页。
④ 杨共乐：《罗马史纲要》，商务印书馆 2007 年版，第 212 页。

3. 弗拉维王朝

弗拉维王朝（公元 69—96 年）在罗马存在 27 年，当政元首先后为：韦斯帕芗、提图斯和图密善。"元首政治在这一时期得到了明显加强，元首驾控军队和经济的能力显著提高"。①

韦斯帕芗是弗拉维王朝的创立者。韦斯帕芗就任元首后的首要任务就是重整军队，恢复经济。韦斯帕芗主政期间，罗马在北方的统治扩展到了威尔士和苏格兰地区。② 韦斯帕芗重视扩大元首权力的统治基础。他比较广泛地把公民权授予西班牙、高卢等行省的自由民。③ 他尊重元老院的政治地位，这利于罗马政局稳定。韦斯帕芗于公元 79 年去世，其长子提图斯继位。公元 81 年，提图斯去世，其弟图密善在近卫军和元老院的支持下继元首位。"图密善在位期间，元首政治的君主制本质暴露无遗"。图密善既没有处理好与元老院之间的关系，也没处理好与行省总督之间的关系，更没处理好与军队特别是与近卫军之间的关系。④ 公元 96 年，图密善被杀。元老院推举元老涅尔瓦为元首，弗拉维王朝灭亡。

4. 安敦尼王朝

安敦尼王朝（公元 96—192 年）是众多学者公认的罗马帝国的全盛阶段。安敦尼王朝的鼎盛时期是其前四位元首统治的

① 杨共乐：《罗马史纲要》，商务印书馆 2007 年版，第 212 页。
② ［英］彼得·琼斯：《罗马帝国档案》，孙逸凡译，北方文艺出版社 2015 年版，第 205 页。
③ 杨共乐：《罗马史纲要》，商务印书馆 2007 年版，第 216 页。
④ 杨共乐：《罗马史纲要》，商务印书馆 2007 年版，第 217 页。

时期，时间范围是公元 96—161 年。第一位元首是涅尔瓦。

涅尔瓦出身于罗马旧元老贵族，尊重元老院的政治权益是其执政的重要特点。由于缺乏军队支持，涅尔瓦的统治并不稳固，于是他将自己的一位军事将领，能征善战的上日耳曼尼亚总督马尔库斯·乌尔披乌斯·图拉真收为养子，并授予其凯撒之名和保民官之权。

公元 98 年，涅尔瓦去世，图拉真被元老院推选为元首。在内政方面，图拉真扩大元老院的基础，吸收东方各行省贵族加入元老院。同时，积极吸纳优秀的人才参与帝国管理。在对外政策方面，他不断对外征战，使罗马帝国的版图达到了有史以来最大。公元 117 年，图拉真在从帕提亚返回罗马途中去世，其养子哈德良继位。帝国政权在哈德良的统治下得到了进一步巩固。公元 138 年，哈德良病逝，继位的是其养子安敦尼·庇乌斯。罗马帝国进入空前繁荣阶段。公元 161 年，安敦尼逝世，传位于其养子马尔库斯·奥理略和维鲁斯。罗马历史上首次出现两位元首共同执政。自此以后安敦尼王朝步入衰落阶段。公元 192 年，安敦尼王朝最后一位元首康茂德被杀，宣告了该王朝的结束。"而安敦尼王朝的结束实际上也标志着罗马和平时代已经进入尾声"。①

5. 帝国走向衰落

从公元 193 年到 284 年，罗马进入了元首政治的衰落时

---

① 杨共乐：《罗马史纲要》，商务印书馆 2007 年版，第 224 页。

期。这个时期可以分为两个阶段：第一个阶段是塞维鲁王朝时期。这一时期罗马维持国家安全已经十分艰难。第二个阶段是军事混乱时期。该阶段帝国的军事首领割据混战，罗马陷入分裂。①

公元284年，戴克里先执掌政权，使分裂的帝国恢复统一，开创了罗马君主制。他奠定了后期罗马帝国政治体制的基本框架，开启了晚期帝国的新时代。②公元305年，戴克里先宣布退位，罗马帝国旋即陷入战乱。

公元395年，狄奥多西一世去世，东、西罗马正式分裂。随后，西罗马帝国的领土日益萎缩。到5世纪70年代，庞大帝国已经不复存在，西罗马政府仅能控制意大利地区。公元476年9月，日耳曼雇佣兵首领奥多雅克推翻最后一任罗马君主的统治。西罗马帝国走向灭亡。③

三、秦汉与罗马历史发展特点之比较

（一）秦汉的统一与罗马的征服

中国的秦、汉王朝在完成建立政权的任务之后，都会致力于巩固中央集权，维护国家的统一，即便跟周边的少数民族在交往过程中发生一些攻防之举，也都是区域性的军事行动，其

---

① 杨共乐：《罗马史纲要》，商务印书馆2007年版，第248—249页。
② 杨共乐：《罗马史纲要》，商务印书馆2007年版，第252页。
③ 杨共乐：《罗马史纲要》，商务印书馆2007年版，第279—280页。

目的是为了巩固多民族国家的统一。

回顾秦、汉历史发展脉络，特别是在政治制度方面，可以看到强调皇权是秦、汉王朝不变的主题。加强中央集权，维护国家统一，是他们的一贯政策。在秦、汉时期，强化皇权是每一个统一政权诞生之后的主要任务。从秦朝建立伊始，赢政通过自定名号为"皇帝"来强调中央最高领导者不可动摇的权威。自此以后，西汉、东汉开国皇帝都在有意识地不断加强皇权。例如，在中央政权当中，秦朝建立后实行丞相制，但取消了丞相的军事权，让丞相仅为文官之首。将丞相的军事权另授给有其位却无其人的"太尉"，随后又设御史大夫牵制丞相权力。以此打压相权，巩固君权，将权力进一步收归皇帝之手。西汉汉武帝时期，设立"中朝"。丞相权力再一次被削弱。汉成帝时设置三公官，相当于把被削弱的丞相权力又一分为三。至东汉建立之初，光武帝刘秀进一步强化尚书台的权力，三公在很大程度上丧失了决策权，成为执行机构。从相权的不断稀释，宰相地位的一再压低，可以看到中央皇权得到持续提高，权力愈发集中在皇帝一人身上。在秦、汉这样的封建王朝，对皇权的强化，是加强专制主义中央集权的重要表现，有利于对政权统治的巩固。

中央集权的加强，是国家统一的基础。秦、汉国家的统一，不仅仅是疆域上的统一，还是文化和制度层面上的统一。秦始皇在秦朝政权建立之后，立即对全国进行了整齐划一的安排，完成了度量衡的统一、货币的统一、历法的统一、法律的统一、爵位的统一、官名的统一、国道规格的统一和郡县二级的行政统一。秦朝订立的制度，大多为后来的汉朝所继承。这其实是由秦、汉共同完成了华夏族日常行为规范，也就是文化的统一。①

秦、汉王朝在建立了稳定的政权之后，发动的军事行动，主要是为了保护中原地区的经济、文化发展，维护多民族国家的统一。"历史上的所谓中国，不只是指在黄河中下游的中央王朝，同时也包括了那个中央王朝以外的、由少数民族先后在四面八方所建立的那些割据政权。"②秦朝建立之初，南方活跃着的众多部落统称为"百越"，西南方居住着"西南夷"。"百越"自古便是中华民族的组成部分，相关记载最早见于战国之前的史籍，说明中原与"百越"的交往已有三千多年的历史。③而"西南夷"也自古便与中原地区有着密切的联系。"考古工作者在云南丽江发现的更新世晚期的人类头骨化石经研究确定其与中原同时期人种一样，均属蒙古人种。在旧石器和新石器时代的许多遗物和遗址中，也可以看出中原地区对这里的影响。殷周以后，西南地区同中原的联系更加紧密，如1957年在四川新繁水观音出土的铜兵器和殷商的兵器相同，明显地看出殷王朝

---

① 洪春嵘：《秦的统一是文字、疆域和华夏族三个层面的统一》，转引自王子今主编：《秦统一的历史进程与意义》，中国社会科学出版社2019年版，第296—297页。

② 邓广铭、张希清：《略论爱国主义和民族英雄》，《人民日报》1981年12月8日。

③ 林剑鸣：《秦汉史》，上海人民出版社2019年版，第64页。

对这里的影响。"① 这些少数民族活动的区域,从来都是中国的领土。不过,在秦始皇 26 年以前,它们还未被划归到秦王朝郡县制的管理体系之中。② 于是,秦朝对这些与中原地区联系紧密的少数民族采取军事行动,以将其置于中央政府的统一管理之下。所以说秦朝的军事行为是对整个中国的统一,而非对外部的征服。

在统一南越后,秦朝政府在那里设置南海、桂林、象郡三郡,施行与其他地区相同的管理方式。在统一西南夷之后,秦朝也在那里置郡县,任命官吏进行管理。秦末由于政局动荡,中央王朝对南方少数民族地区的统治曾一度中断。西汉时期,中央政府通过遣使、设郡以及必要的军事手段,再次恢复了对南方少数民族地区的管理。西汉政府与北方少数民族发生的冲突,主要表现在与匈奴的战争。战争的根源是农业文明与游牧文明之间的冲突。汉朝时期,匈奴一直对中原农业地区进行侵扰,对中原的经济、文化产生了不良影响。因此中央政府为保障经济、民生的安全,势必对匈奴用兵。这种战争的目的,依然是为了维护统治的稳定和国家的统一。

罗马则与秦汉不同。罗马在征服中部和南部意大利之后,并没有形成一个统一的中央集权国家。罗马对被征服的意大利地区实施"分而治之"的政策,而不是像秦汉那样对政权治下的人民进行统一管理。罗马没有积极将被征服的地区和人民融

---

① 林剑鸣:《秦汉史》,上海人民出版社 2019 年版,第 72 页。

② 林剑鸣:《秦汉史》,上海人民出版社 2019 年版,第 63 页。

入到自己的国家当中，不似秦汉王朝那般具有强烈的大一统意识。相反，早期罗马更强调自身与其他拉丁城邦以及地中海其他民族之间的区别，重视公民权的大小与差异。在罗马帝国，各地区人民的地位不平等。罗马人作为征服者，拥有特权地位。在法律上，罗马公民是国家权力的主体，有参政权，有服兵役的权利。罗马人将非罗马公民视为臣服者。罗马政府虽然对被征服地区统治比较宽松，也有对被征服地区人民慷慨授予公民权的传统，但是随着历史的推进，被征服地区的人不再被授予公民权，而是沦为奴隶。奴隶可以通过努力和运气被释放成为罗马公民，但是被释奴只是名义上的罗马人。政府从来没有通过制定政策来积极促进他们融入罗马社会。不仅如此，被释奴拥有的是不完整的公民权。他们可以参与投票，但是不能竞选任何公职，也不能登记为骑士或元老阶层。即便是在罗马发展得很好的，甚至是文化水平或经济实力比罗马人要高的外族人（例如，希腊人），也同样会受到排斥。罗马本土人不愿看到外来人在罗马取得成功，获得与罗马人平等的地位。这种态度，在作家马尔提阿利斯（Martial）和尤文纳里斯（Juvenal）等人的讽刺作品①中就有着充分体现。这对于民族融合和统一的多民族国家的形成是十分不利的。

---

① Martial, *Epigrams*, with an English translation by D. R. shackleton Bailey, Cambridge, Massachusetts: Harvard University Press 1993, 10. 76; Juvenal, *Satires*, with an English translation by G. G. Ramsay, Cambridge, Massachusetts: Harvard University Press, 1918, 3. 58-65, 69-78, 81-87, 100-106.

秦汉政权在完成统一大业之后，均转而致力于强化中央集权，巩固国家的统一。但罗马从共和国到帝国，一直走在对外征服的路上，在政权已经稳固建立的情况下，仍然不断进行对外征服和扩张。

罗马立国之时，是一个蕞尔小邦，在危机中求生存，不得不与周边城邦发生战争。经过与埃魁人、萨莫奈人等邦的战争后，罗马取得意大利地区的统治权。这时的罗马成为一个地域性的大国，与西部的迦太基、东部的马其顿等并列为地中海的区域性强国。① 但是罗马并没有将重点转移到维护帝国内部核心区域的安全，巩固国家统一上来。相反，罗马随后便开启了对意大利以外的地中海地区的征服，通过三次与迦太基的战争和三次与马其顿的战争，夺得整个地中海地区的控制权，将地中海变成了自己的海，发展为一个横跨欧亚非三洲的大帝国。即便此时，罗马也没有停止对外战争的脚步。帝国始终是一个"未完成"的工程。尽管奥古斯都曾经试图确定帝国的疆界，并意识到罗马不应以大规模扩张领土为目标，但其后继者很快就打破了他所划定的边界。

在罗马帝国最为鼎盛的安敦尼王朝中，在著名的哲学家元首马尔库斯·奥勒留统治时期，罗马也没有达到真正意义上的"和平"。马尔库斯一生戎马倥偬——"元首自己长期以来——甚至可以说，终其一生——都在与伊斯特尔河区域的蛮族人作

① 瞿林东主编：《历史文化认同与中国统一多民族国家》第五卷，河北人民出版社 2013 年版，第 172 页。

战"。① 当时，帝国的北部爆发了马科曼尼战争（Marcomannic），
而帝国东部的帕提亚战争也在如火如荼地进行。元首马尔库
斯·奥勒留的共治者元首卢修斯·维鲁斯在东部指挥帕提亚战
争，而奥勒留本人则在北方与马科曼尼人、夸狄人等日耳曼部
族进行战争。事实上，此时的帕提亚战争就与罗马的扩张直接
相关。卡帕多西亚省的帝国总督，塞威里阿努斯入侵亚美尼亚
并在伊里吉亚遭到帕提亚军队伏击。塞威里阿努斯自杀，其军
队被消灭。次年，叙利亚的总督也被帕提亚军队打败。② 维鲁
斯因此来到帝国东部指挥这场战争。可见，有些战争是可以避
免的，只因罗马并没有停止对外征服的脚步。

　　总之，在政权稳定之后，中国的秦汉王朝会停止对外扩
张，并致力于稳固现有政权。维护中央集权和国家统一，是
中国古代中央政府永恒的主题。而罗马则是"一个由军事霸权
构成的框架"③，在稳定政权的指导之下，不断地进行对外扩张，
一直在对外进行军事行动。对外战争，是罗马历史的主旋律之
一。如凯尔·哈珀总结的那样："2世纪的罗马人不会认可在某
一刻停止扩张、转而欣赏自己的完工杰作的宏大计划。奥古斯

---

① Dio Cassius, *Roman History*, Books71-80, with an English translation by Earnest
　Cary, on the basis of the version of Herbert Baldwin of Forster, Cambridge, Massa-
　chusetts: Harvard University Press, 1927, 72.3.1.

② 参见 Jaap-Jan Flinterman, "The Date of Lucian's Visit to Abonuteichos", *Zeitschrift
　für Papyrologie und Epigraphik*, Bd. 119（1997），p. 281。

③ 〔美〕凯尔·哈珀：《罗马的命运：气候、疾病和帝国的终结》，李一帆译，
　北京联合出版公司2019年版，第39页。

都时期，扩张有所减缓，但没有完全停止。侵略和外交仍在不时地扩大帝国。甚至，像哈德良长城这样明显的防御工事，实际上也只是一种控制系统，而不是主权领土边界的标志。在长城建好后的一个世纪里，罗马人一直在向苏格兰发动断断续续的进攻。马尔库斯·奥勒留曾认真考虑过吞并中欧大片地区。而罗马人试图控制幼发拉底河以外地区，也是造成冲突的一个永恒根源。"①

（二）改朝换代的特点

1. 政权更迭的推动力

回顾秦汉与罗马历史发展进程，可以看到中国的秦汉王朝与古代罗马都经历了政治的动荡和政权的更迭，但二者有着明显的区别。秦汉时期改朝换代的推动力量，是自下而上的农民起义。而实现罗马王朝更迭的，却是在贵族领导下的军队发起的自上而下的军事政变。

秦始皇统治严苛，秦二世荒淫腐化。此时，首先举起反秦大旗的是公元前 209 年陈胜、吴广领导的农民起义。在他们的影响下，各地农民纷纷揭竿而起。在众多的起义军中，项羽和刘邦各自领导的起义军成长为两支最强大的队伍。公元前 207 年，刘邦、项羽先后兵临咸阳，秦朝灭亡。西汉末年，统治集团日趋腐朽，王莽改制使社会矛盾更加激化。于是爆发了绿

---

① ［美］凯尔·哈珀：《罗马的命运：气候、疾病和帝国的终结》，李一帆译，北京联合出版公司 2019 年版，第 40 页。

林、赤眉农民起义，新莽政权在农民起义烈火中走向覆亡。东汉末年，统治黑暗，统治者对人民残酷压榨，加上天灾连年不断，农民再一次起而反抗。最终，东汉王朝在席卷全国的黄巾起义的打击下瓦解。

在古代罗马，王政时代尚处于氏族制社会，是由氏族制向国家过渡的阶段。带领罗马从王政时期进入共和国时期的，是上层贵族领导的政变。罗马最后一任勒克斯是小塔克文。他剥夺元老院的权力，残暴地对待罗马公民，引起了不满和反抗。公元前 509 年，罗马人民在贵族的领导下联合起来推翻了塔克文的统治。当时的领导人其实都与塔克文家族有亲缘关系，其中卢契乌斯·朱尼乌斯·布鲁图斯（Lucius Junius Brutus）是塔克文的外甥，卢契乌斯·塔克文·柯来提务是塔克文的堂侄，斯普里乌斯·卢克里契乌斯（Spurius Lucretia）是柯来提务的岳父。事发之时，塔克文正在军营中，听闻罗马城反叛，紧急带兵回城。斯普里乌斯·卢克里契乌斯拒之于城外，宣布元老院已放逐他。塔克文无奈返回军营，但布鲁图斯也在军营阻止他回去。塔克文最终只得投奔埃特鲁里亚的凯勒城。随后，元老院宣布结束塔克文的统治，推举斯普里乌斯·卢克里契乌斯为摄政官，暂时代理政务。① 罗马王政至此结束，进入共和国时期。

帝国时期的罗马经历了朱理亚·克劳狄（公元 14—68 年）、

---

① 关于罗马王政的推翻，参见李雅书、杨共乐：《古代罗马史》，北京师范大学出版社 2010 年版，第 32—33 页。

弗拉维王朝（公元 69—96 年）、安敦尼王朝（公元 96—192 年）和塞维鲁王朝（公元 193—235 年）等朝代。在这些朝代更送的过程中，起关键作用的都是上层贵族，以及贵族领导下的军队。例如，朱理亚·克劳狄王朝的最后一任元首尼禄，统治残暴。公元 67 年，高卢总督温第克斯以"拯救人类"为名，联合西班牙督军格尔巴起义。次年，温第克斯率先行动，虽遭失败，但得到了西班牙、阿非利加、日耳曼等西方各行省的纷纷响应。莱茵军区士兵甚至主动要求司令官带领他们进攻罗马。就连罗马城内的近卫军也发动兵变逼尼禄下台，最终，元老院也宣布尼禄为"罗马人民的公敌"。[①] 尼禄在绝望中自杀，朱理亚·克劳狄王朝结束。再如，弗拉维王朝的最后一位元首图密善统治十分严厉，其专制统治激起了元老贵族的强烈反对，其血腥行为使帝国高级官吏终日处于恐慌之中。公元 96 年，图密善被自己的妻子和两个近卫军指挥官杀害。元老院乘机推举涅尔瓦为元首，结束了弗拉维王朝的统治。更为典型的例子是塞维鲁王朝。塞维鲁王朝的元首都非常重视给予军队优待，但他们并没有从军队那里得到期望的回报。整个王朝除了第一位元首塞维鲁以外，其他元首均亡于军队之手。公元 235 年，塞维鲁王朝的最后一位元首亚历山大·塞维鲁被士兵杀死，塞维鲁王朝被暴动的士兵推翻。此后的 50 年，罗马政局动荡，内战不断。军队日益成为撼动罗马政坛的重要力量，影响着元首

---

① 李雅书、杨共乐：《古代罗马史》，北京师范大学出版社 2010 年版，第 227 页。

的废立。罗马中央式微，元首在受到军队拥立、谋杀、再拥立的恶性循环中不断更替。[①] 军队对罗马政权更迭的影响，一直持续到帝国的灭亡。

通过对比我们发现，在秦汉和罗马，灭亡旧王朝，推动新政权建立的关键力量并不相同。在秦汉，农民起义是朝代更迭的重要推动力；在罗马，贵族领导的军事政变是王朝兴替的主要途径。秦汉没有出现军队推翻皇帝统治的情况。因为在秦汉制度当中，皇帝通过中央集权将军权牢牢地掌握在自己的手里。秦朝建立之初，秦始皇便将丞相的军权剥离，设立太尉以领兵权，但太尉实则有其位而无其人，军权由此收归于皇帝手中。皇帝直接掌握军队的调动权。用兵 50 人以上，必须有虎符。虎符就控制在皇帝手中。"平时即使调动郡国兵到中央，也需皇帝的兵符，或盖有玉玺的命令才行。战时，皇帝则临时委派大将统兵，将左半兵符交给主帅，右半兵符留在皇帝手中。这样统兵大将才有调兵之权。"[②]

西汉封建政权的主要军事支柱是中央常备军。而中央常备军由皇帝直接控制。汉武帝时又大力加强中央常备军，同时进一步强化对军队的直接控制。"原来三辅的军事首长是中尉。设中垒校尉后，已分割中尉部分权力。元鼎四年（公元前 113年），武帝于内史地区设置京辅都尉、左辅都尉、右辅都尉等三都尉。至太初元年（公元前 104 年），分内史地区为三辅，

① 杨共乐：《罗马史纲要》，商务印书馆 2007 年版，第 250 页。
② 林剑鸣：《秦汉史》，上海人民出版社 2019 年版，第 126 页。

分别置长史。与此同时，中尉改称执金吾，其军事实权早被各个都尉分割，而由皇帝总揽大权，由此中央军更牢固地掌握在皇帝手中了。"[1] 东汉时期，开国皇帝刘秀同样采取措施进一步强化中央对军队的控制。刘秀一方面削弱地方的军权，另一方面扩大中央的军队。在中央，最高统率权直接由皇帝掌握，统兵的高级军官——大将军、骠骑将军、车骑将军、卫将军，并不常设，只在战时才临时任命。[2]

然而在罗马，军队虽然也被掌握在统治阶级手中，但是由于缺乏类似秦汉的有力的中央集权政制，因而当统治阶级内部发生分裂的时候，军队就成为了推翻元首统治的重要工具。出现这种区别的原因在于统治阶级内部，也就是国家上层的分工情况。与秦汉王朝军权向皇帝不断集中不同，罗马的军权在中央呈现出分权的特色。在共和国早期，国家最高领导人由两名执政官担任。军队指挥权由两名执政官掌握。到公元前311年，军队分为四个军团，指挥权仍由两名执政官掌握，同时大法官偶尔也可以指挥一支军团自主行动。[3] 共和国中期大体情况依然如此，仅在危急时刻任命独裁官指挥所有军队。独裁官任期通常仅六个月。约从公元前190年起，部分军队还可以由副将（legati）指挥。共和末年，由于对外扩张，战事增多，

---

[1] 林剑鸣：《秦汉史》，上海人民出版社2019年版，第340页。

[2] 林剑鸣：《秦汉史》，上海人民出版社2019年版，第786页。

[3] ［英］莱斯莉·阿德金斯、罗伊·阿德金斯：《古代罗马社会生活》，张楠、王悦、范秀琳译，商务印书馆2016年版，第82页。

副将领掌握军事指挥权的现象更加普遍。至帝国早期，由执政官掌握的军权扩展到代执政官、大法官和代大法官手中。[①] 可以看到，罗马军权总体上是趋向分散的。罗马共和国早期实行公民兵制。军人战时集合出战，战后解甲归田，军队对统治阶级的影响尚小。但公元前 2 世纪末马略改革之后，军队日趋职业化，军饷和战利品是士兵收入的主要来源，军队与将领之间的联系日益密切，士兵关心的是个人收入，而非国家利益。这就加大了统兵将领操控政权，乃至夺取政权，将军团"公器私用"的风险。

中国出现农民战争是封建土地所有制的经济规律所决定的。土地不断集中，小农经济破产，是封建土地私有制下的普遍规律。当中央专制政权足够强大时，可以抑制地方大地主的势力，减缓土地兼并的速度。但当中央权力弱化时，地方上地主、富商大贾的势力就会膨胀，疯狂地吞噬小农土地，导致阶级矛盾尖锐。破产农民失去土地，无法生存，就会产生严重的社会问题，威胁王朝统治。

古代罗马同样存在土地集中的问题，但如上文所述，对外扩张一直是罗马历史的主题。不断被征服的异族的土地，极大程度上缓解了罗马内部小农破产失去土地的问题。罗马的对外征服，改变了地中海世界的同时也改变了自己。罗马早期实行公民兵制。军队的士兵本身都是罗马公民，享有公民权，是拥

---

① ［英］莱斯莉·阿德金斯、罗伊·阿德金斯：《古代罗马社会生活》，张楠、王悦、范秀琳译，商务印书馆 2016 年版，第 82—83 页。

有土地的农民。随着共和中后期对外战争的增多，战事时间的拉长，士兵服役的年限也不断增加。大量的农民与土地分离，不仅造成了大量耕地荒芜，还导致农民失去土地。士兵们在战争结束后回到家乡，发现自己用血肉为帝国增加了版图，却失去了原本属于自己的那一小块土地。失去土地的农民成为流氓无产者，大量涌入城市，同样造成了诸多问题。然而，罗马"征服"带来的问题在"征服"当中得到了解决。罗马在被征服地区设立殖民地（colonia），作为安置退伍老兵的城镇。①退伍的军人可以在殖民地领有一块土地。这样就一定程度上缓解了小土地所有者因失去土地而与大土地所有者产生的矛盾。

由此可见，强调统一与集权的秦汉王朝，军权牢牢掌握在皇帝手中，不易出现军队倒戈，但在中央式微时，则无法抑制土地兼并的速度，被汹涌的农民起义吞没。而在军队分权趋势明显的罗马，军权被少数军官分散掌控，易于出现军队尾大不掉，转而伤及中央的情况。然而，罗马不断对外征服的行为，也给帝国带来了土地上的补给，缓和了因农民失去土地而引发的社会动荡。

2.统治者血统的连贯性

中国在同一朝代当中保证了皇帝血统的连贯性，建立起了完善的继承制度。早在商周之际，中国就逐渐形成了嫡长子继承制。秦朝建立之初，秦始皇便提出自己是始皇帝，"后世以

---

① 关于罗马在被征服地区大规模安置退伍老兵的情况，详见杨共乐：《罗马史纲要》，商务印书馆 2007 年版，第 166 页。

计数，二世三世至于万世，传之无穷。"① 秦朝虽短暂，但秦二世是秦始皇之子。

　　西汉前期的皇帝汉高祖、惠帝、文帝、景帝，西汉中期的皇帝武帝、昭帝、宣帝，西汉后期元帝、成帝、哀帝、平帝均出自刘氏家族。皇帝人选同样具有血统上的连续性。西汉从汉高祖刘邦开始，就已经制定了明确的皇位传递原则，即父子相传。据《史记·梁孝王世家》载："褚先生曰：臣为郎时，闻之于宫殿中老郎吏好事者称道之也。窃以为令梁孝王怨望，欲为不善者，事从中生。今太后，女主也，以爱少子故，欲令梁王为太子。大臣不时正言其不可状，阿意治小，私说意以受赏赐，非忠臣也。齐如魏其侯窦婴之正言也，何以有后祸？景帝与王燕见，侍太后饮，景帝曰：'千秋万岁之后传王。'太后喜说。窦婴在前，据地言曰：'汉法之约，传子适孙，今帝何以得传弟，擅乱高帝约乎！'于是景帝默然无声。太后意不说。"② 这段文字是说汉景帝时，梁王试图成为皇位的继承人，窦婴强调"父子相传"，并将其解读为"高皇帝约"的核心内容。③ 由此反映出汉朝从高祖起便制定了皇位在父子间传递的原则。

　　同样，东汉皇帝的继承也显示出了血统上的延续性。而这

---

① 司马迁：《史记》卷六，《秦始皇本纪》，中华书局 2011 年版，第 236 页。

② 司马迁：《史记》卷五十八，《梁孝王世家》，中华书局 2011 年版，第 2089—2090 页。

③ 曲柄睿：《"高皇帝约"与汉帝位继承原则的确立》，《史林》2013 年 4 月。

种延续性不仅体现在东汉本朝的帝位传承上，甚至还反映在东汉建立时政权的合法性上。西汉末年的农民起义队伍多打着光复汉室，反对王莽的旗号。这种封建主义中央集权之下，农民对统治王朝的淳朴的忠诚，同样体现出皇位传承对血统的强调。起义队伍欲建立新政权，会优先在刘氏宗族里推举皇帝人选。东汉的开国皇帝刘秀原属西汉刘氏宗族中的一支，是汉高祖刘邦第九世孙。① 可以看到，东汉皇帝位的开端也可在血统上追溯到西汉的开国皇帝。此后，继承刘秀帝位的是其阴皇后所生的汉明帝刘庄；公元 75 年，明帝去世，其第五子刘炟继位，是为汉章帝；公元 88 年，汉章帝去世，其第四子刘肇继位，是为汉和帝。由此后推，殇帝刘隆、安帝刘祜、少帝刘懿、顺帝刘保、冲帝刘炳、质帝刘缵、桓帝刘志、灵帝刘宏、少帝刘辩、献帝刘协，全部出于刘氏家族，血统上的延续性不言而喻。明确的皇权继承规则，以及皇帝位继承者在血统上的连贯性，保证了中国古代政权的连续和稳定，也有利于政令在相对较长的时间段内得到有效的推广。

在罗马，王政时期的勒克斯终身任职但不世袭，他们都是由库利亚大会选举产生。到共和国时期，国家的最高政治首脑从勒克斯变成了执政官。执政官由选举产生，任期一年，不得连选连任。在军事紧急的时候，元老院可以任命一位独裁官，代替执政官执政，但期限为 6 个月。由于执政官产生的方式是

① 林剑鸣：《秦汉史》，上海人民出版社 2019 年版，第 745 页。

选举，因此执政官的人选没有血缘上的连贯性。执政官任期短，两名执政官之间又相互牵制，这就会导致罗马政令的推行缺乏连续性和稳定性。

在帝国时期，元首之位的继承也没有形成一个完善的制度，继承人的更迭未能保证其血统的一致性。元首制的创立者奥古斯都最终选定提比略为养子，作为元首的继承人，这种元首继承方式得到后继者的效仿。朱理亚·克劳狄王朝的几位元首都是前任元首选出的继承人，被收为养子后继承元首位。弗拉维王朝的建立者韦斯帕芗，确立了元首世袭继承制。军队的支持和元老院的拥护，保证了弗拉维王朝元首的顺利继位，减少了争夺帝位的战争，令元首继承问题暂时得到了较好的解决。但其后的安敦尼王朝，传承了六代，历经七个元首——涅尔瓦、图拉真、哈德良、安敦尼·庇乌斯、马尔库斯·奥勒留和卢修斯·维鲁斯，以及康茂德。其中，除康茂德是马尔库斯·奥勒留的儿子外，其余的继承者都不是父子相继。与秦汉不同，罗马没有对元首继承问题做出明确规定，人们对元首候选人存在大体上的期许，但缺乏准确的选拔依据。狄奥·卡西乌斯（Dio Cassius）在《罗马史》中记录了元首哈德良评价奥里略·安敦尼努斯（Aurelius Antoninus）的一段话，反映出罗马人对元首候选人的选择标准："这个人高贵、温和、恭顺、审慎，既不会太年轻而行事冲动，也不会太年迈而忽视任何事物，他在法律之下成长，遵照我们的传统行使职权，所以他不会不了解任何与元首之职相关的事宜，相反能有效地行使这些职权。"①

罗马帝国元首在血统上没能保证其延续性，除了缺乏明确有效的继承制度外，还因为他们缺乏充足的人力资源来实现这样的一个制度。古代罗马的人均寿命极低，"平均预期寿命在20到30岁之间。"②尽管罗马政府大力鼓励生育来应对如此低的人均寿命，"活到更年期的女性人均约有6个子女"。③但是，居高不下的婴儿死亡率，再一次降低了新生儿成长为成人的可能性。元首哈德良在谈到自己的继承人问题时，反映出虽然没有明确的世袭制度，但罗马人也同样天然地期盼元首位在本家族内传承。据狄奥·卡西乌斯记载："元首（哈德良）在家里召集最德高望重的元老商议；他躺在榻上，说了下面的话：'朋友们，老天没有赐给我一个儿子，但是你们却能通过法令让这件事变为可能。现在，在这两种方式有所不同——自己生一个儿子，他会是怎样的人由上天来定；收养一个人，选择他源自细致的考量。依靠上天，父母经常会得到一个残废、弱智的孩子，但是凭借遴选，一定会挑出一个身体与心智都健全的人。'"④尽管哈德良肯定了收养养子以继承元首位的方式，但言

① Dio Cassius, *Roman History*, Books 61-70, with an English translation by Earnest Cary, on the basis of the version of Herbert Baldwin of Forster, Cambridge, Massachusetts: Harvard University Press, 1925, 69. 20. 4.

② ［美］凯尔·哈珀：《罗马的命运：气候、疾病和帝国的终结》，李一帆译，北京联合出版公司2019年版，第45页。

③ ［美］凯尔·哈珀：《罗马的命运：气候、疾病和帝国的终结》，李一帆译，北京联合出版公司2019年版，第46页。

④ Dio Cassius, *Roman History*, 69. 20. 1-3.

语之间也不无透露着对自己膝下无子可继承元首位的失落和自
我安慰。然而，罗马居高不下的人口死亡率，使元首继承在血
统上的延续难以实现。即便是享受着国内最高水平的生活和医
疗条件，元首的子女也少有顺利活到继位的。"罗马的统治者
与他们最卑微的臣民一样，都经历了同样短暂的寿命。"[1] 元首
马尔库斯·奥勒留与妻子福斯蒂娜结婚的 25 年里，福斯蒂娜
（结婚时 15 岁）至少生了 14 个孩子。但在父母去世时确定还
活着的只有一个男孩和一个女孩。[2]

　　这种情况与中国古代形成了鲜明的对比。秦汉时期皇帝大
多子嗣较多，统治者寿命也比罗马帝国的要长。根据《史记》
记载，秦始皇子女众多。"《史记·李斯列传》：'十公主矺死于
杜。'可见，二世的姊妹至少有十人以上，但究竟有多少？各
书记载颇有出入。《史记·李斯列传》：'始皇公子十二人。'《秦
会要订补·世系》：'始皇有子二十余人。'但《史记·李斯列传》
引《集解》：'辩士隐姓名，遗秦将军章邯书曰："李斯为秦王死，
废十七兄而立今王"也。然则二世是秦始皇第十八子。'"[3] 由此
可见，秦二世的兄弟姊妹至少有二三十人之多。而秦二世在争
夺皇位之时，曾先后将"六公子戮死于杜"[4]，又把另外的 12 个

① ［美］凯尔·哈珀：《罗马的命运：气候、疾病和帝国的终结》，李一帆译，
　　北京联合出版公司 2019 年版，第 103 页。
② ［美］凯尔·哈珀：《罗马的命运：气候、疾病和帝国的终结》，李一帆译，
　　北京联合出版公司 2019 年版，第 103 页。
③ 林剑鸣：《秦汉史》，上海人民出版社 2019 年版，第 219 页注释 1。
④ 司马迁：《史记》卷六，《秦始皇本纪》，中华书局 2011 年版，第 268 页。

公子"戮死咸阳市"①，还逼迫公子将间昆弟三人自杀。公子高
绝望之下主动请求为秦始皇殉葬。此外，秦二世还将其姐妹们
杀于秦陵前。② 这说明，秦始皇的子女很多都活到了成年。汉
朝时期，汉高祖刘邦育有皇子 8 人，汉惠帝刘盈育有 6 子，汉
景帝刘启育有 14 子，东汉光武帝刘秀育有皇子 11 人。尽管汉
朝皇帝也存在少子嗣或无子嗣的情况，但总体来看，西汉有
12 帝共 46 位皇子，东汉有 13 帝共 40 位皇子，③ 其皇室成员队
伍远比罗马元首家族成员要庞大。

　　因此，秦汉在具备比较完善的继承制度的基础之上，同时
具备实现该制度的人员保证，使得皇权可以在同一家族内部长
时间地传承。这对于中央集权的大一统国家是十分重要的，它
可以保证核心统治集团的稳定，从而确保整个国家政权的巩
固，同时也有利于统治政策的长期平稳。然而在罗马，由于缺
乏明确有效的元首继承制度，因而使得元首的继承存在诸多可
能，从而导致统治阶级内部易因争权而发生分裂和斗争，同时
也让军队有了通过废立元首而干预政治的机会。元首继承的不
稳定性的最突出后果是各个王朝统治时间短暂，统治集团内
部争夺最高统治权的战争频繁爆发。"罗马元首制存在 311 年，
经历 4 个王朝（朱理亚·克劳狄王朝、弗拉维王朝、安敦尼

---

① 司马迁：《史记》卷八十七，《李斯列传》，中华书局 2011 年版，第 2552 页。
② 参见林剑鸣：《秦汉史》，上海人民出版社 2019 年版，第 188 页。
③ 关于汉朝皇帝的子嗣情况，参见周子鑫：《汉代皇帝生育问题研究》，吉林
　　大学硕士学位论文，2019 年。

王朝、塞维鲁王朝)、2 年的四帝争立时期、1 年的内战时期、50 年的军事混乱时期。在 57 位元首中有 40 位元首死于非命，这在古今中外关于国家最高统治者的记载中，都是非常罕见的。"① 这一切都给罗马帝国政权的稳定性和延续性带来巨大的负面影响。

(三) 政治体制的特点

1. 秦汉的"常"与罗马的"变"

秦汉的政治体制一直比较稳定，有着长久的发展和持久性。而罗马的政治体制则发生了巨大的变化，这使其历史和文化的发展进程有中断的可能。

秦始皇建立了从朝廷到地方的一整套专制主义中央集权的政治体制。朝廷上设丞相，协助皇帝处理全国政务；设太尉，管军事；设御史大夫，管监察。地方上，把统治地区分为三十六个郡，后来增加到四十多个郡。郡设郡守、郡尉和监御史。郡的下级行政区划是县，县设县令（长）、县尉、县丞。郡县的这三种官吏的职责，是跟朝廷的丞相、太尉和御史大夫的职责大体上相对应的。县以下还有基层单位乡，乡设三老，管教化；设啬夫，管司法和税收；设游徼，管治安。乡以下，还有以五户编成的伍等组织。户是指个体家庭。这一套政治体制犹如金字塔，使朝廷的统治权力从皇帝贯彻到基层。

---

① 袁波:《从元首继承制的特点看罗马帝国政体的转变》,《重庆社会科学》2007 年第 12 期。

汉承秦制。西汉建立后，行政机构、官僚制度、军制、法制、土地和赋役制度等，都是秦朝时期的延续和发展。西汉从中央到地方的官僚制度，大体上承袭秦制，只是官职名称有些改变。中央的三公官中，丞相有时改称相国，太尉称大司马，御史大夫或称大司空。九卿中的奉常改称太常；郎中令改称光禄勋；廷尉几度改称大理；卫尉一度改称中大夫令；典客改称大行令、大鸿胪；宗正一度改称宗伯；治粟内史改称大农令、大司农。地方上，郡一级不设监御史，改为由丞相随时派员监察，汉武帝又设立州刺史，加强监察；郡守改称太守，郡尉改称都尉。

汉朝法律也沿袭秦朝。刘邦入居咸阳时曾宣布"除秦苛法"，与民约法三章。西汉建立后，三章之法不足以"御奸"，丞相萧何取秦法之宜于时者加以增益。"萧何便在秦律的盗、贼、囚、捕、杂、具六篇之外，又增户、兴、厩三篇，形成《九章律》。今据云梦秦简得知，秦律中已有《厩苑律》，而《傅律》相当于户律，《除吏律》、《除弟子律》、《徭律》相当于兴律，说明萧何所增也非新作，仍是采秦律旧文编订而成。惠帝时，叔孙通又制定汉朝诸仪法，作《傍律》18篇。此后，又有许多新律不断增加，才合成汉律的全部内容"。①

与秦汉不同，罗马的政治体制在历史发展过程中出现了巨大的变化。公元前509年，罗马人推翻暴君塔克文的统治，废

---

① 詹子庆主编：《中国古代史》（第二版）上册，高等教育出版社2011年版，第169页。

除了王位，共和政制从此诞生。罗马平民与贵族的长期斗争使共和国的国家制度得到进一步完善。首先，出现了库里亚大会、森都里亚大会、特里布斯大会（部落会议）、平民议会四种形式的民众大会并存的现象。这是国家议政机构发展，新旧机构重叠的结果。第二，罗马的官制除共和初期的两执政官、独裁官和神职官外，又出现了一系列新的官职：行政长官、监察官、市政官（营造官）、财务官等，以及一些低级公务人员。罗马的最高政治首脑是两位执政官，任期一年，不得连选连任。两人权位相等，均有权否决对方决定。一切政令必须两人一致同意才能实施。共和时期的执政官，对内握有最高行政权，对外掌有最高军事指挥权。在国家出现紧急状况的时候，元老院可以任命一位独裁官代替执政官执政，任期为6个月。在此期间，独裁官享有最高统治权。元老院从王政时期的长老议事会发展而来，由贵族和卸任的执政官组成。由于执政官任期短，两人之间又相互牵制，而元老院却常存，元老们终身任职，所以国家的重要权力都主要掌握在元老院手中。按规定元老院不能立法，但通常元老院的决议（Senatus Consulta）具有法律效力。元老院掌握罗马的财政和外交大权，内外政策的最后决定权以及法案的审查、批准权都掌握在元老院手中。

共和国末期，罗马陷入内战。内战最终的胜利者是屋大维。屋大维的胜利开创了罗马历史上的新的政治制度——元首制。屋大维取得罗马政权后，鉴于共和制的影响和维护传统势力的存在，将罗马共和国的管理机构保留下来，利用旧的共和形式，行君主统治之实。他改组元老院，在重新确定的元老名单中名列首位，成为首席元老。屋大维采用了"元首"的称号。元首就是元老中的首席元老和公民中的第一公民，享有极高的威望。元首掌握着罗马城和意大利的最高行政管理权，同时还保留着大范围的行省总督权，而且握有最高军权。元老院的权力逐步被削弱。屋大维还根据需要增设了新的机构。这些机构主要包括：元首特派员、元首"御前会议"、元首"内务府"等。

元首制延续了近三百年，在公元 284 年被戴克里先打破。戴克里先没有按奥古斯都制定的制度行事，而是自立规则，自创体制，以地上之神自居，穿戴华丽服饰，要求臣下称其为"多米努斯"(Dominus)①，觐见时须行跪拜吻袍等大臣之礼。历史上常常把戴克里先所建立的这套统治制度，称作君主制(Dominatus)。

君主制以消除共和制残余为前提。众所周知，罗马共和国的核心是元老院。自奥古斯都以来，元老院虽然已不再是具有重大政治力量的国家机构，但它还保留着一定的影响，是罗马政坛一支不可忽视的力量。元首们可以对它施加压力，但不能无视它的存在。元首们所发布的法令都要经过元老院的同意。就连他们即位，也要经元老院批准。戴克里先上台后，剥夺了元老院的政治权力，所有全国性的政治事务都不再交元老院讨论。元老院已失去了其最后的政治意义。正如吉本所言：它

---

① 拉丁文，"主人"的意思。

"已成为卡皮托里山丘上的一座令人起敬但毫无用处的古迹纪
念碑了"。① 此外，所有与元老院有关的共和制行政官职如执政
官、监察官、保民官等也都成了荣誉称号。帝国全部权力集中
到了君主和以君主为首的官僚机构中。

戴克里先政治体制改革的重中之重是"四帝共治制"
（Tetrarchy）。所谓"四帝共治"实际上就是"帝国统一、四帝
分治"，以分权治理的模式统治帝国。具体而言是首先于公元
286 年将帝国分成东、西两大部分，各设一名"奥古斯都"，
分别由戴克里先和他的战友马克西米阿努斯充任。戴克里先掌
管东部，坐镇尼科米底亚，管辖亚细亚、埃及和昔列尼、色雷
斯和下美西亚，以保护东部帝国的安全；马克西米阿努斯掌管
西部，坐镇米兰，分掌意大利、阿非利加、里西亚和诺里克，
全权负责西部帝国的秩序。公元 293 年，戴克里先又为两位
"奥古斯都"设立两名副职，称"凯撒"——加列里乌斯管辖
巴尔干其他行省和多瑙河地区，首府设在西尔米伊；君士坦西
乌斯掌管西欧各省和毛里塔尼亚，首府设在特里尔。两位凯撒
既是两位奥古斯都的助手，也是奥古斯都未来的接班人。名义
上帝国的立法权和行政权由两位"奥古斯都"掌控，但实际上
最高权力仍由戴克里先掌握。然而，四帝共治为罗马帝国日后
的分裂种下了隐患。

综上所述，自秦朝建立以来，秦汉虽然出现政权更迭，但

---

① ［英］爱德华·吉本：《罗马帝国衰亡史》上册，黄宜思、黄雨石译，商务
　　印书馆 1997 年版，第 212 页。

是政治体制一直保持稳定。汉承秦制，延续了秦朝设立的各种政治制度。而罗马却经历从共和制到元首制到君主制的重大变革。旧制度的颠覆和新制度的建立，都会给国家的经济、文化等方面带来巨大冲击。政治制度的改变反映了共和传统从建立到衰落，直至最后被彻底消除的过程。制度的断裂，带来了传统的断裂。于是，在元首制早期至帝国鼎盛阶段，总有知识精英在其作品中追忆往昔罗马的优良传统，缅怀美好往昔，感叹当时罗马传统文化的衰落、精神的滑坡。

2. 秦汉的"变"与罗马的"常"

在看到秦汉政治体制的延续和稳定，以及罗马政治体制的巨大变革的基础上，我们还应意识到秦汉的政治体制稳中有变：政治体制在具体的历史发展进程中是在不断调整和改变的，统治阶层对行政系统总有自发的调整，以此来进一步加强中央集权。

从秦朝、西汉到东汉，最高统治者都在不断进行制度上的调整，加强皇权。汉高祖以"同姓王"代"异姓王"；汉景帝平定"七国之乱"，免除各诸侯王的行政权力，削减了王国的官吏，改称王国的丞相为相；汉武帝把郡国划为十三州部，在中央形成"中朝"作为决策机构，限制丞相权力。至东汉，光武帝刘秀同样对政治制度进行调整，他没有学习刘邦对待开国功臣的方式，而是选择了退功臣而进文吏，同时推行一系列行政制度上的改革，建立了一个比西汉更加专制的政权。表面上看，秦末农民战争与西汉的建立，跟西汉末农民起义与东汉的建立，是历史重演，是没有变化的"常"，但实际上"东汉王朝并非西汉王朝的简单再现，而是更加发展了的封建王朝，其专制制度比西汉更加完备，封建的国家机器更加严密、有力"。①

罗马虽然政治体制从共和制到元首制、君主制发生了巨大的变化，但也存在着"变"中有"不变"的情况。就罗马中央政府而言，国家的官僚体系基本没有太大变化。屋大维建立元首制，是在保留原有共和制官职的基础上，增加了部分官职。甚至到戴克里先建立君主制，共和制遗留的行政官职还依然存在，只是权力逐步丧失了。罗马对整个国家的管理，从中央到地方，始终没有发展出像秦汉那样权责明确、层层负责、成熟稳定，"一竿子插到底"的管理体系。帝国政府作为"收税者"比作为"管理者"的角色特质更为突出。

秦汉政治体制中的"常"中之"变"，有利于政权的稳定和统治传统的延续。而罗马的"变"中之"常"恰恰反映出其政治体制松散的特征，也为其后世的衰落和分裂埋下了伏笔。

---

① 林剑鸣：《秦汉史》，上海人民出版社 2019 年版，第 803 页。

第 二 章

秦汉王朝与罗马帝国
中央治理体系

秦汉王朝与罗马帝国的中央治理体系事关国家的正常运行和稳定发展。它们各有自身的发展进程，也各具特点。各自不同的治理模式，相异的特色，在很大程度上决定着秦汉王朝与罗马帝国未来的发展走向。下文分别就秦汉王朝和罗马帝国中央治理体系进行分析，探究它们之间的异同及对各自发展走向的影响。

一、秦汉王朝的中央治理体系

（一）秦汉王朝的中央管理体系

秦汉王朝的中央管理机构和政治制度是此前中央管理机构和政治制度缓慢发展、逐渐累积的转型和质变。秦汉王朝确立了中央集权的专制制度，有一套以皇帝为中心的中央管理机构和体系。

秦汉王朝的中央管理机构由皇帝和庞大的官僚队伍组成。皇帝是中央管理体系的核心，"三公"、"九卿"是其中的重要组成部分。"三公"指的是丞相、御史大夫和太尉①；"九卿"即太常、宗正、光禄勋、太仆、卫尉、廷尉、大鸿胪、大司农、少府等，"九卿"之下还有许多职位不等的属官，其中秩六百石以上的官员有资格参与朝会和廷议。"三公"、"九卿"以及"宫官"②与后来形成的所谓"中朝官"③，共同构成了秦汉时期中央管理机构。

1. 皇帝

秦汉王朝的中央管理体系，机构完备，分工明确，运行良好。在这个体系中，皇帝是核心，是君主专制的象征。此名号创始于秦始皇。司马迁在《史记》中详细记述了皇帝称号确立的过程。④班固亦言："秦兼天下，建皇帝之号，立百官之职。"⑤汉承秦之名号，而又有所修订和补充。皇帝名号确定后，其亲

---

① 实际上，还有"上公"，指的是太师、太傅、太保，他们职位尊崇，但不管政务。

② 即服务于宫中的官员，包括太子属官和皇后属官。

③ 其中的重要组成部分是从少府中分离出来的。

④ 《史记·秦始皇本纪》：始皇二十六年，"秦初并天下，令丞相、御史曰：'……寡人以眇眇之身，兴兵诛暴乱，赖宗庙之灵，六王咸伏其辜，天下大定。今名号不更，无以称成功，传后世。其议帝号。'丞相绾、御史大夫劫、廷尉斯等皆曰：'昔者五帝地方千里，其外侯服夷服，诸侯或朝或否，天子不能制。今陛下兴义兵，诛残贼，平定天下，海内为郡县，法令由一统，自上古以来未尝有，五帝所不及。臣等谨与博士议曰："古有天皇，有地皇，有泰皇。泰皇最贵。"臣等冒死上尊号，王位"泰皇"。命为"制"，令为"诏"，天子自称曰"朕"。'王曰：'去"泰"著"皇"，采上古"帝"位号，号曰"皇帝"，他如议。'制曰：'可。'"见司马迁：《史记》卷六，《秦始皇本纪》，中华书局 2011 年版，第 235—236 页。

⑤ 班固：《汉书》卷十九上，中华书局 2011 年版，第 722 页。

属亦有相应的尊号。皇帝父曰太上皇，母曰皇太后，妻曰皇后，子曰皇太子、皇子，女曰公主，孙曰皇孙等。这些尊号在此后历代王朝没有发生过改变。为了表示皇帝的尊严，从汉代起，历代皇帝都有特殊的庙号和谥号。庙是用来祭祀的。谥号是大臣在皇帝死后对其生前功绩的概括，有"盖棺论定"之意。在东周时期已有谥号存在，但秦始皇认为谥号是"子议父，臣议君"，予以废止。①不过，到了汉代，又恢复了谥法，如"文"、"武"、"光武"、"明"等即为谥。②

皇帝的尊号独一无二，这也意味着有至高无上的权力。从秦代建立皇帝制度起，皇帝就有着广泛的权力。在通常情况下，皇帝独揽一切行政、立法、财政、军事大权，还掌控一切考选、任免、赏罚、生杀予夺的大权。《史记·秦始皇本纪》记载："天下之事无小大皆决于上，上至以衡石量书，日夜有呈，不中呈不得休息。"③到汉武帝时，董仲舒发展了儒家君权神授说，给君权又披上了一层神秘的外衣。君权与神权结合，更增强了君权

---

① 司马迁：《史记》卷六，《秦始皇本纪》，中华书局 2011 年版，第 236 页。
② 白寿彝、高敏、安作璋主编：《中国通史》第四卷，上海人民出版社 2000 年版，第 176—179、808 页。有关皇帝名号及其他尊号、名号的论述，也可参见白钢：《中国政治制度通史》第一卷《总论》，人民出版社 1996 年版，第 127—128 页；孟祥才：《中国政治制度通史》第三卷《秦汉》，人民出版社 1996 年版，第 40—42 页；宋诚如主编：《中国皇帝制度》，武汉出版社 1998 年版，第 52—56 页；王育民：《秦汉政治制度》，西北大学出版社 1996 年版，第 1—2、15—20 页；徐连达、朱子彦：《中国皇帝制度》，广东教育出版社 1996 年版，第 14—24 页等。
③ 司马迁：《史记》卷六，《秦始皇本纪》，中华书局 2011 年版，第 258 页。

不可侵犯的神圣性。当时，普遍认为，皇帝就是天子，是秉承天命来统治人民的。皇帝是中央集权制体系中权力的核心，掌握着国家的立法、统治、大赦权和决策等一切大权。①

2."三公"

"三公"指丞相、太尉、御史大夫。秦开创并确立了丞相制度。汉承秦制，亦实行丞相制度，不过，这一制度有其自身的变化，既表现在设置丞相的数目上，也表现在丞相官职的名称上。《汉书·百官公卿表》中记述，"相国、丞相，皆秦官，金印紫绶，掌丞天子助理万机。秦有左右，②高帝即位，置一丞相，十一年更名相国，绿绶。孝惠、高后置左右丞相，文帝二年复置一丞相。有两长史，秩千石。哀帝元寿二年更名大司徒。武帝元狩五年初置司直，秩比二千石，掌佐丞相举不法。"③ 显然，秦王朝基本上设置左右丞相。西汉前期基本上设置丞相一人。西汉后期和东汉时期三公皆为宰相。丞相是秦汉

---

① 白寿彝、高敏、安作璋主编：《中国通史》第四卷，上海人民出版社 2000 年版，第 809 页。关于皇帝的权力、君权与神权的结合，还可参见孟祥才：《中国政治制度通史》第三卷《秦汉》，人民出版社 1996 年版，第 44—45、112—114 页；王育民：《秦汉政治制度》，西北大学出版社 1996 年版，第 5—8 页；徐连达、朱子彦：《中国皇帝制度》，广东教育出版社 1996 年版，第 202—210 页；刘泽华主编：《中国政治思想史（秦汉魏晋南北朝卷）》，浙江人民出版社 1996 年版，第 85—86 页；宋诚如主编：《中国皇帝制度》，武汉出版社 1998 年版，第 17—19 页；卜先群：《秦汉官僚制度》，社会科学出版社 2002 年版，第 143—146 页等。

② 荀悦对此注释言："秦本次国，命卿二人，是以置左右丞相，无三宫官。"见班固：《汉书》卷十九上，中华书局 2011 年版，第 725 页。

③ 班固：《汉书》卷十九上，中华书局 2011 年版，第 724—725 页。

王朝中央行政体系中最高级的官吏，总领百官，处理一切国事，即班固所言"掌丞天子助理万机"，"以德辅翼国家，典领百僚，协和万国，为职任莫重焉"①。丞相职权广泛，主要包括荐贤举能，任免官吏，劾案百官、执行惩罚，主管郡国上计与考课，审理京畿上诉案件，谏诤与封驳权，统领朝议、奏事权等诸多方面。丞相位尊权重势必会威胁到君权。因此，汉武帝时开始，从制度上削弱相权，将一部分权力转给尚书。成帝时设三公官，相权一分为三。甚至如上文材料所言，哀帝废除丞相之名，改为大司徒。到东汉光武帝时，尚书台成为朝廷最高权力机关，名为司徒的丞相已无实权。②

　　太尉，根据《汉书·百官公卿表》的记载，它亦是"秦官"，"金印紫绶"，其职权是"掌武事"。《续汉书》注中亦提到，太尉"掌四方兵事功课，岁尽即奏其殿最而行赏罚。凡郊祀之事，掌亚献；大丧则告谥南郊。凡国有大造大疑，则与司徒、司空通而论之。国有过事，则与二公通谏争之"。③ 在汉代，这一职官的设置不断变化："武帝建元二年省。元狩四年初置大司马，以冠将军之号。宣帝地节三年，置大司马，不冠将军，亦无印

---

① 班固：《汉书》卷八十二，中华书局 2011 年版，第 3374 页。
② 白寿彝、高敏、安作璋主编：《中国通史》第四卷，上海人民出版社 2000 年版，第 811—813 页。有关丞相详细论述参见安作璋、熊铁基：《秦汉官制史稿》，齐鲁书社 2007 年版，第 13—47 页；王育民：《秦汉政治制度》，西北大学出版社 1996 年版，第 22—27 页。
③ 司马彪：《续汉书志》第二十四，范晔：《后汉书》，中华书局 2011 年版。第 3557 页。

绥官属"。到了成帝绥和元年初，"赐大司马金印紫绶，置官属，禄比丞相，去将军"。哀帝建平二年时，"复去大司马印绶、官属，冠将军如故"。至元寿二年，"复赐大司马印绶，置官属，去将军，位在司徒之上"。① 东汉"世祖即位，为大司马。建武（光武帝年号）二十七年，改为太尉"。② 光武帝复改大司马为太尉后，其职权逐渐增大，既掌军事，又理军政。太尉在三公之中地位最尊，属官亦有增加。灵帝末年大司马与太尉并置。

　　御史大夫，按照《汉书·百官公卿表》的记载，御史大夫创始于秦，属"秦官，位上卿，银印青绶，掌副丞相。有两丞，秩千石。一曰中丞，在殿中兰台，掌图籍秘书，外督部刺史，内领侍御史十五人，受公卿奏事，举劾按章"。③ 秦朝设置御史大夫后，西汉承之。御史大夫的名称、设置亦有演变的过程："成帝绥和元年更名大司空，④ 金印紫绶，禄比丞相，置长史如中丞，官职如故"；"哀帝建平二年复为御史大夫，元寿二年复为大司空，御史中丞更名御史长史。侍御史有绣衣直指，出讨奸猾，治大狱，武帝所制，不常置"。⑤ 至东汉，"世祖即

① 班固：《汉书》卷十九上，中华书局 2011 年版，第 725 页。
② 司马彪：《续汉书志》第二十四，范晔：《后汉书》，中华书局 2011 年版，第 3557 页。
③ 班固：《汉书》卷十九上，中华书局 2011 年版，第 725 页。
④ 应劭《汉官仪》曰："绥和元年，罢御史大夫官，法周制，初置司空。议者又以县道官狱司空，故覆加'大'字，为大司空，亦所以别大小之文。"见司马彪：《续汉书志》第二十四，范晔：《后汉书》，中华书局 2011 年版，第 3562 页，注释〔三〕。
⑤ 班固：《汉书》卷十九上，中华书局 2011 年版，第 725—726 页。

位，为大司空，建武二十七年，去'大'"，^①即更名大司空为司空。"献帝建安十三年又罢司空，置御史大夫。^②御史大夫郗虑，虑免，不得补。"^③由前述史料可知，御史大夫的职权主要在于掌管图书秘籍，考课、监察和弹劾百官，督军，奉命处理重大政事等。西汉末年，御史大夫的职权逐渐转移至尚书。东汉时期，御史大夫的监察职能主要由御史中丞继承和发展。值得注意的是，御史大夫虽然与丞相和太尉同为三公，但其地位低于丞相和太尉。

3."九卿"

秦汉时期中央管理体系中，除了上文提到的丞相、太尉和御史大夫之外，还有具体主管机关，通常称为"九卿"。西汉时期，九卿皆属丞相。到了东汉，三公名义上分管九卿，各管三卿。实际上，九卿直接承命于皇帝，或通过尚书台间接承命于皇帝。九卿中，"自太常至执金吾，秩皆中二千石，丞皆千石"。^④

太常。位居诸卿之首，多以列侯居之。太常秦朝时为奉常，"汉景帝中六年更名为太常"，主要职责为"掌宗庙礼

---

① 司马彪：《续汉书志》第二十四，范晔：《后汉书》，中华书局 2011 年版，第 3562 页。

② 荀绰《晋百官表注》曰："献帝置御史大夫，职如司空，不领侍御史。"见司马彪：《续汉书志》第二十四，范晔：《后汉书》，中华书局 2011 年版，第 3562 页，注释〔四〕。

③ 见司马彪：《续汉书志》第二十四，范晔：《后汉书》，中华书局 2011 年版，第 3562 页，注释〔四〕。

④ 班固：《汉书》卷十九上，中华书局 2011 年版，第 733 页。

仪"，①"掌礼仪祭祀。每祭祀，先奏其礼仪；及行事，常赞天子。每选试博士，奏其能否。大射、养老、大丧，皆奏其礼仪。每月前晦，察行陵庙。"② 其属官有"太乐、太祝、太宰、太史、太卜、太医六令丞，又均官、都水两长丞，又诸庙寝园食官令长丞，有雍太宰、太祝令丞，五畤各一尉。又博士及诸陵县皆属焉。景帝中六年更名太祝为祠祀，武帝太初元年更曰庙祀，初置太卜。博士，秦官，掌通古今，秩比六百石，员多至数十人。武帝建元五年初置五经博士，宣帝黄龙元年稍增员十二人。元帝永光元年分祝陵邑属三辅。③ 王莽改太常曰秩宗。"④ 太常属官众多，系统庞大。⑤ 不过，其职权在汉武帝之后有了明显的削弱。

光禄勋⑥ 在秦和汉初名为郎中令⑦，汉武帝太初元年更名。

① 班固：《汉书》卷十九上，中华书局 2011 年版，第 726 页。应劭曰："常，典也，掌三典礼也。"师古曰："太常，王者旌旗也，书日月焉，王有大事则建以行，礼官主奉持之，故曰奉常也。后改曰太常，尊大之（仪）〔义〕也。"班固：《汉书》卷十九上，中华书局 2011 年版，第 727 页，注释〔一〕。
② 司马彪：《续汉书志》第二十五，范晔：《后汉书》，中华书局 2011 年版，第 3571 页。
③ 关于文中涉及的太常属官的具体秩级，职责，所辖官、吏数量，见司马彪：《续汉书志》第二十五，范晔：《后汉书》，中华书局 2011 年版，第 3572—3574 页。
④ 班固：《汉书》卷十九上，中华书局 2011 年版，第 726 页。
⑤ 据统计太常所属员吏不下一千五百余人。参见安作璋、熊铁基：《秦汉官制史》，齐鲁书社 2007 年版，第 98 页。关于太常属官表参见上书第 99—100 页。
⑥ 应劭曰："光者，明也。禄者，爵也。勋，功也。"颜师古认同应劭的说法。见班固：《汉书》卷十九上，中华书局 2011 年版，第 728 页，注释〔二〕。
⑦ "主郎内诸官，故曰郎中令"，见班固：《汉书》卷十九上，中华书局 2011 年版，第 728 页，注释〔一〕。

其主要职责"掌宫殿掖门户"①。《续汉书志》中注亦言其"掌宿卫宫殿门户,典谒属郎更直执戟,宿卫门户,考其德行而进退之。郊祀之事,掌三献。"②光禄勋属官体系庞大,《汉书·百官公卿表》和《续汉书志》对此都有非常详细的记载。其属官有"大夫、郎、谒者,皆秦官。又期门、羽林皆属焉"。其中"大夫掌论议,有太中大夫、中大夫、谏大夫、皆无员,多至数十人。武帝元狩五年初置谏大夫,秩比八百石,太初元年更名中大夫为光禄大夫,秩比二千石,太中大夫秩比千石如故"。郎"掌守门户,出充车骑,有议郎、中郎、侍郎、郎中,皆无员,多至千人。议郎、中郎秩比六百石,侍郎比四百石,郎中比三百石。中郎有五官、左、右三将,秩皆比二千石。郎中有车、户、骑三将,秩皆比千石"。谒者"掌宾赞受事,员七十人,秩比六百石,有仆射,秩比千石"。期门"掌执兵送从,武帝建元三年初置,比郎,无员,多至千人,有仆射,秩比千石。平帝元始元年更名虎贲郎,置中朗将,秩比二千石"。羽林"掌送从,次期门,武帝太初元年初置,名曰建章营骑,后更名羽林骑。又取从军死事之子孙养羽林,官教以五兵,号曰羽林孤儿。羽林有令丞。宣帝令中朗将、骑都尉监羽林,秩比二千石。仆射,秦官,自侍中、尚书、博士郎、皆有。古者重五官,有主射以督课之,军屯吏、驺、宰、永巷宫人皆

---

① 班固:《汉书》卷十九上,中华书局 2011 年版,第 727 页。
② 司马彪:《续汉书志》第二十五,范晔:《后汉书》,中华书局 2011 年版,第 3574 页。

有，取其领事之号"。① 实际上，光禄勋为皇帝顾问参议、宿卫侍从和传达招待等官员的总首领。因其与皇帝亲近，地位非常重要。不过，随着中朝官员日益增多，光禄勋的地位和实权下降，逐渐演变为行政人员的训练机关。卫尉，始设于秦，"景帝初更名中大夫令，后元年复为卫尉"，主要职责为"掌宫门卫屯兵"②。其属官有"公车司马、卫士、旅贲三令丞③。卫士三令丞。又诸屯卫侯、司马二十二官皆属焉"④其中公车司马令，"掌宫南阙门，凡吏民上章，四方贡献，及征诣公车者"，有"丞、尉各一人"，"丞选晓讳，掌知非法。尉主阙门兵禁，戒非常"。⑤

太仆，亦始设于秦，《汉书·百官公卿表》言其为"秦官"。它的职责主要是"掌舆马"，⑥《续汉书志》进一步说："天子每出，

① 班固：《汉书》卷十九上，中华书局 2011 年版，第 727—728 页。《续汉书志》中对光禄勋属官的记载，见司马彪：《续汉书志》第二十五，范晔：《后汉书》，中华书局 2011 年版，第 3574—3578 页。

② 班固：《汉书》卷十九上，中华书局 2011 年版，第 728 页。《续汉书志》注中谈到卫尉的职责："掌宫门卫士，宫中徼循事。"见司马彪：《续汉书志》第二十五，范晔：《后汉书》，中华书局 2011 年版，第 3578 页。

③ 颜师古曰："《汉官仪》公车司马掌殿司马门，夜徼宫中，天下上事纪阙下凡所征召皆总领之，令秩六百石。旅，众也。贲与奔同，言为奔走之任也。"见班固：《汉书》卷十九上，中华书局 2011 年版，第 729 页，注释〔二〕。

④ 班固：《汉书》卷十九上，中华书局 2011 年版，第 728 页。

⑤ 司马彪：《续汉书志》第二十五，范晔：《后汉书》，中华书局 2011 年版，第 3579页。关于卫尉属官的具体秩级、职责及吏员数目，见此注所引书第 3579—3581 页。

⑥ 班固：《汉书》卷十九上，中华书局 2011 年版，第 729 页。

奏驾上卤簿用；大驾则执驭"①。太仆的属官有"大厩、未央、家马三令，各五丞一尉。又车府、路轮、骑马、骏马、四令丞；又龙马、闲驹、橐泉、騊駼、承华五监长丞；又边郡六牧师苑令，各三丞；又牧橐、昆蹏令丞皆属焉"②。太仆的属官，职责多与马政及兵器相关。③汉朝因同匈奴作战及防卫边疆需要大量骑兵，养马业得到空前发展。国家设立大量的马场，它们都归太仆管辖。④

廷尉，秦时始设此官。⑤在汉代，廷尉名称经历多次变化。"景帝中六年更名大理，武帝建元四年复为廷尉……哀帝元寿二年复为大理。王莽改曰作士。"⑥其职责，《汉书·百官公卿表》说为"掌刑辟"；⑦《续汉书志》中注言"掌平狱，奏当所应。凡郡国谳疑罪，皆处当以报"。⑧除了审理案件之外，廷尉还主管廷尉诏狱等事务。廷尉的属官有"正、左右监，

① 司马彪：《续汉书志》第二十五，范晔：《后汉书》，中华书局 2011 年版，第 3581 页。
② 班固：《汉书》卷十九上，中华书局 2011 年版，第 729 页。
③ 见班固：《汉书》卷十九上，中华书局 2011 年版，第 729—730 页；司马彪：《续汉书志》第二十五，范晔：《后汉书》，中华书局 2011 年版，第 3581—3582 页。
④ 王育民：《秦汉政治制度》，西北大学出版社 1996 年版，第 35 页。
⑤ 应劭曰："听狱必质诸朝廷，与众共之，兵狱同制，故称廷尉。"颜师古曰："廷，平也。治狱贵平，故以为号。"见班固：《汉书》卷十九上，中华书局 2011 年版，第 730 页注释〔一〕。
⑥ 班固：《汉书》卷十九上，中华书局 2011 年版，第 730 页。
⑦ 班固：《汉书》卷十九上，中华书局 2011 年版，第 730 页。
⑧ 司马彪：《续汉书志》第二十五，范晔：《后汉书》，中华书局 2011 年版，第 3582 页。

秩皆千石","宣帝地节三年初置左右平，秩皆六百石"；① 东汉时，它的属官有"正、左监各一人。左平一人"。②

大鸿胪，秦代名为典客。西汉"景帝中元六年更名大行令，武帝太初元年更名大鸿胪"，"王莽改大鸿胪曰典乐"。③ 大鸿胪掌归义蛮夷（原由典属国负责）、诸侯王入朝，迎、送、接待、朝会、封授等礼仪，以及接待郡国上计吏等诸多事务。这在《续汉书志》的注中有明确记载，大鸿胪掌"诸侯及四方归义蛮夷④。其郊庙行礼，赞导，请行事，既可，以命群司。诸王入朝，当郊迎，典其礼仪。及郡国上计，匦四方来，亦属焉，皇子拜王，赞授印绶。及拜诸侯、诸侯子嗣及四方夷狄封者，台下鸿胪召拜之。王薨则使吊之，及拜王嗣"。⑤ 其属官有"行人、译官、别火三令丞及郡邸长丞"。汉武帝太初元年，"更名行人为大行令，初置别火"。⑥ 秦代曾设典属国一职，西汉"承秦有典属国，别主四方夷狄朝贡侍子，成帝时省并大鸿胪"。⑦

---

① 班固：《汉书》卷十九上，中华书局 2011 年版，第 730 页。
② 司马彪：《续汉书志》第二十五，范晔：《后汉书》，中华书局 2011 年版，第 3582 页。
③ 班固：《汉书》卷十九上，中华书局 2011 年版，第 730 页。
④ 《汉书》称其"掌诸归义蛮夷"，见班固：《汉书》卷十九上，中华书局 2011 年版，第 730 页。
⑤ 司马彪：《续汉书志》第二十五，范晔：《后汉书》，中华书局 2011 年版，第 3583 页。
⑥ 班固：《汉书》卷十九上，中华书局 2011 年版，第 730 页。
⑦ 司马彪：《续汉书志》第二十五，范晔：《后汉书》，中华书局 2011 年版，第 3584 页。

大司农，秦代称为治粟内史，汉代承袭此职，不过名称几经变化，"景帝后元年更名大农令，武帝太初元年更名大司农"，"王莽改大司农曰羲和，后更为纳言"。① 其主要职责是"掌谷货"②，"掌诸钱谷金帛诸货币。郡国四时上月旦见钱谷簿，其逋未毕，各具别之。边郡诸官请调度者，皆为报给，损多益寡，取相给足"③。大司农的属官有"太仓、均输、平准、都内、籍田五令丞，斡官、铁市场两丞。又郡国诸仓农监、都水六十五官长丞皆属焉"④。大司农对汉代经济发展作出了重要贡献。

少府，亦秦代所设官职，两汉承袭此官名，王莽一度"改少府曰共工"。⑤ 少府的职责主要是"掌山海池泽之税，以给供养"⑥，"掌中服御诸物，衣服宝货珍善之属"⑦。皇宫中一切生活如食、衣、文书、医药、娱乐、奴婢、丧葬等皆有专官负责，由少府直接管辖。因此，在"九卿"中，少府属官众多，体系最为庞杂。其属官主要有"尚书、符节、太医、太官、汤官、导官、乐府、若卢、考工室、左弋、居室、甘泉居室、左右司空、东织、西织、东园匠十六官令丞，又胞人、都水、均官三

---

① 班固：《汉书》卷十九上，中华书局 2011 年版，第 731 页。
② 班固：《汉书》卷十九上，中华书局 2011 年版，第 731 页。
③ 司马彪：《续汉书志》第二十六，范晔：《后汉书》，中华书局 2011 年版，第 3590 页。
④ 班固：《汉书》卷十九上，中华书局 2011 年版，第 731 页。
⑤ 班固：《汉书》卷十九上，中华书局 2011 年版，第 732 页。
⑥ 班固：《汉书》卷十九上，中华书局 2011 年版，第 731 页。
⑦ 司马彪：《续汉书志》第二十六，范晔：《后汉书》，中华书局 2011 年版，第 3592 页。

长丞，又上林中十池监，又中书谒者、黄门、钩盾、尚方、御府、永巷、内者、宦者八官令丞。诸仆射、署长、中黄门皆属焉"。① 少府部分属官的名称也时有变化。② 在秦汉时代，少府和大司农都掌管财政，不过，如颜师古所言："大司农供军国之用，少府以养天子也"。③ 值得注意的是，名义上属少府的尚书台和御史台在东汉时分别掌握了最高行政权和最高监察权。

　　除了上述"九卿"外，还有执金吾④、将作大匠⑤等卿，各自负责部分专门事务。在皇帝统领下，"三公"、"九卿"构成了秦汉时代系统复杂、体系严密的中央管理机构。它们协调运作，保证了国家的正常运行和比较稳定地发展。

---

① 班固：《汉书》卷十九上，中华书局 2011 年版，第 731 页。少府属官的秩级、职责及员吏数目，见司马彪：《续汉书志》第二十六，范晔：《后汉书》，中华书局 2011 年版，第 3592—3600 页。

② 班固：《汉书》卷十九上，中华书局 2011 年版，第 732 页。

③ 班固：《汉书》卷十九上，中华书局 2011 年版，第 732 页，注释〔一〕。

④ 《汉书》言，执金吾系秦官，秦时称中尉，"掌徼循京师，有两丞、候、司马、千人"，"武帝太初元年更名为执金吾，属官有中垒、寺互、武库、都船四令丞"等。见班固：《汉书》卷十九上，中华书局 2011 年版，第 732—733 页。《续汉书志》中注说，执金吾的主要职责是"掌宫外戒司非常水火之事。月三绕行宫外，及主兵器"。见司马彪：《续汉书志》第二十七，范晔：《后汉书》，中华书局 2011 年版，第 3605 页。

⑤ 《汉书》说，将作大匠亦秦官，秦时称将作少府，"掌治宫室，有两丞、左右中候"，"景帝中六年更名为将作大匠"，其属官有"石库、东园主章、左右前后中校七令丞，又主章长丞"。见班固：《汉书》卷十九上，中华书局 2011 年版，第 733—734 页。关于将作大匠，《续汉书志》的说法与《汉书》类似，不过职责更明晰："掌修作宗庙、路寝、宫室、陵园木土之功，并树桐梓之类列于道侧。"见司马彪：《续汉书志》第二十七，范晔：《后汉书》，中华书局 2011 年版，第 3610 页。

（二）秦汉王朝的中央政治制度

1. 皇位继承制度

皇位继承制度是汉王朝一项非常重要的政治制度。它既关涉皇朝政权的平稳交接与过渡，也事关社会稳定大局。在封建专制时代，皇太子是国家的储君，皇帝的继承人。为了保障皇位一姓继承，同时也为避免同姓争夺皇位，稳定皇权，汉王朝逐渐确立了嫡长子继承制度。

嫡长子继承制度的确立有一个过程。秦始皇建立了专制主义的皇权，宣布"朕为始皇帝。后世以计数，二世三世至于万世，传之无穷"①，但并未预立太子。这在一定程度上导致秦"不早定扶苏，胡亥诈立，自使灭祀"②。汉代吸取秦朝教训，确立了太子制度。自汉高祖开始，每一皇帝即位后，除特殊情况外，都必须预立太子，以重宗庙。这一项制度逐渐固定下来。③

汉代立太子的基本原则为："立嫡以长不以贤，立子以贵不以长。"太子既立，不轻易更动。太子立后，均要专门配备一批官员，负责教习训练太子④。太子的任务，主要是修身养

---

① 司马迁：《史记》卷六，中华书局 2011 年版，第 236 页。

② 班固：《汉书》卷四十三，中华书局 2011 年版，第 2129 页。

③ 王育民：《秦汉政治制度》，西北大学出版社 1996 年版，第 12 页。宋诚如主编：《中国皇帝制度》，武汉出版社 1998 年版，第 290—291 页。

④ 杜佑《通典》卷三十："凡三王教世子，必以礼乐……立太傅少傅以养之，欲其知父子君臣之道也。……师也者，教之以事而谕诸德者也；保也者，慎其身以辅翼之而归诸道也。秦汉以下，始加置詹事、中庶子及诸府寺等官，亦有以他官而监护者。"见杜佑：《通典》卷三十，王文锦等点校，中华书局 2016 年版，第 812 页。

性，学习治国理民之道，为继承皇位做准备，一般不直接干预政务。在位皇帝驾崩后，由太子即帝位。

太子制度在中国历史上影响深远，发挥着重要作用。太子制从汉代建立后，直至清代雍正年间创立密建皇储制度为止，延续达两千多年之久，并且在这个过程中未发生实质性变化。在中国政治制度史上，太子制度一直是产生和培养皇帝继承人的基本制度，它的重要作用之一，是有效地保证了皇权的平稳交接和过渡，维护了社会的稳定发展。[①]

2.选官制度

如前所述，秦汉王朝都有一支庞大的官吏队伍。据《汉书·百官公卿表》记载，西汉官吏"吏员自佐史至丞相，十二万二百八十五人"。[②] 实际上这并不一定是官吏人数的全部。这样一支庞大的队伍，最高统治者如何驾驭，是一个非常重要的问题。官吏的选举、考核是事关国家政治的重大问题，历来为统治者所重视。秦汉时期有一套相应的规章制度。[③] 它们是秦汉政治制度的重要组成部分。

秦在统一之前，"仕进之途唯辟田与胜敌而已"[④]，其中，胜

---

① 王育民：《秦汉政治制度》，西北大学出版社1996年版，第35页；孟祥才：《中国政治制度通史》第三卷《秦汉》，人民出版社1996年版，第67页。

② 班固：《汉书》卷十九上，中华书局2011年版，第743页。

③ 白寿彝、高敏、安作璋主编：《中国通史》第四卷，上海人民出版社2000年版，第849页；安作璋、熊铁基：《秦汉官制史稿》，齐鲁书社2007年版，第796—797页。

④ 杜佑：《通典》卷十三，王文锦等点校，中华书局2011年版，第313页。

敌是主要途径。秦统一后的官吏也多出于军功。到了汉代，朝廷在总结秦代选官经验的基础上，建立和发展了一整套选拔统治人才的制度。其中包括察举、皇帝征召、公府与州郡辟除、大臣举荐、考试、任子、纳赀及其他多种形式。汉代统治者通过多种形式、多种渠道选拔人才，对当时政治、经济、文化等方面的发展，都起到了一定的作用，对后世选官制度也有深远的影响。①

3.官员考核

秦汉时期，官员的选举有严密的规章和制度。官员就任后，也要受到严格考核。秦汉时期对于官吏的考察主要通过上计考课来实现。

早在战国时期，就存在对官吏的考核制度，名曰上计与考课。秦汉时期，对官吏的考核制度逐渐完备。秦的上计，每年进行一次。上计不仅要将地方上各方面的情况登记造册，而且还要将相关物品一并送上。汉代的上计考课，大体上承袭秦制。每年年终，由郡国上计吏携带所谓的计簿（书面工作汇报）以及所征之人到京师上计（汇报工作）。这种方式叫做常课。每三年考察治状，称之为大课。其中有从朝廷到地方的考核体系，即朝廷对郡的考课，郡对县的考课；也有上级对下级

---

① 白寿彝、高敏、安作璋主编：《中国通史》第四卷，上海人民出版社2000年版，第849—850页；安作璋、熊铁基：《秦汉官制史稿》，齐鲁书社2007年版，第800页；孟祥才：《中国政治制度通史》第三卷《秦汉》，人民出版社1996年版，第367—377页；王育民：《秦汉政治制度》，西北大学出版社1996年版，第86—96页。

的考核，即公卿守相或各部门主官各自考核其掾属。就中央层面而言，主要是朝廷对郡国的考课。①

上计考课事关国家大政，朝廷非常重视。皇帝常常亲自主持其事，有时巡幸郡国，就地上计。不过，汉朝中央主管上计的机关是丞相府和御史府。丞相主要负责课殿最（上功曰最，下功曰殿）上闻，御史大夫主要负责按察虚实真伪，二府相辅为用。丞相、御史大夫亲自主持上计，但具体事务则另由专人负责。东汉时，"三公"分掌丞相之职，郡国的上计也由"三公"分管。实际上，自西汉末年至东汉，上计考课的实权逐渐转归尚书。②

当州成为郡的上级时，州对郡也有考课之权。州刺史原为监察官，自身受朝廷御史中丞的考课。与此同时，刺史代表朝廷巡行郡国刺察守相，岁尽诣京师奏事。东汉之后，刺史逐渐由监察官转变为地方的最高行政长官，州成为郡的直接上级，

---

① 白寿彝、高敏、安作璋主编：《中国通史》第四卷，上海人民出版社2000年版，第876—877页；安作璋、熊铁基：《秦汉官制史稿》，齐鲁书社2007年版，第880—882页；孟祥才：《中国政治制度通史》第三卷《秦汉》，第387—388页；有学者认为秦汉对官吏的考核，以上计制度为主；在汉代，"考课"并非固定制度。见王育民：《秦汉政治制度》，西北大学出版社1996年版，第107—113页。

② 白寿彝、高敏、安作璋主编：《中国通史》第四卷，上海人民出版社2000年版，第877页；安作璋、熊铁基：《秦汉官制史稿》，齐鲁书社2007年版，第883—886页；王育民：《秦汉政治制度》，西北大学出版社1996年版，第108—110页；孟祥才：《中国政治制度通史》第三卷《秦汉》，人民出版社1996年版，第388—389页。

当然就有考课的实权了。①

西汉时，考课制度得到较好的贯彻执行，尽管在末期它有所废弛。东汉对官吏的考核制度大体与西汉相同，不过其贯彻程度不及西汉。至东汉末年时，考核制度破坏殆尽。王符《潜夫论·考绩》表示："今则不然。令长守相，不思立功，贪残专恣，不奉法令，侵冤小民。州司不治，令远诣阙上书诉讼。尚书不以责三公，三公不以让州郡，郡不以讨县邑。是以凶恶狡猾，易相冤也。"②考课不行，则功过不明；功过不明，则赏罚不平；赏罚不平，则吏治势必趋于败坏。东汉王朝随着吏治的败坏走向了灭亡。③

（三）秦汉王朝的主导治国思想

秦汉王朝有自己的主流意识形态或主导的治国思想。秦汉王朝处于主导地位的治国思想，有一个变化的过程，它经历了由秦王朝时期的法家，到汉初的道家（黄老思想），再到汉武

---

① 白寿彝、高敏、安作璋主编：《中国通史》第四卷，上海人民出版社 2000 年版，第 878 页；安作璋、熊铁基：《秦汉官制史稿》，齐鲁书社 2007 年版，第 886 页；孟祥才：《中国政治制度通史》第三卷《秦汉》，人民出版社 1996 年版，第 389 页。

② 王符：《潜夫论校注》，张觉校注，岳麓书社 2008 年版，第 84 页。

③ 安作璋、熊铁基：《秦汉官制史稿》，齐鲁书社 2007 年版，第 894—895 页；白寿彝、高敏、安作璋主编：《中国通史》第四卷，上海人民出版社 2000 年版，第 879 页；王育民：《秦汉政治制度》，西北大学出版社 1996 年版，第 111 页；孟祥才：《中国政治制度通史》第三卷《秦汉》，人民出版社 1996 年版，第 391 页。

帝时期的"儒家"（汉武帝采纳董仲舒的建议"罢黜百家，独尊儒术"，实际上，"尊儒"与"尚法"相结合）的嬗变。[①] 这种以"儒法合流"、"儒法共治"为特征的主流意识形态，在此后的发展中始终处于主导地位，并不断得到充实、改进，一直被统治者用来支撑集权统治，成为维系 2000 多年中国古代社会稳定和阶段性繁荣的重要因素，也是维持中国历史连续发展不中断的重要支撑力量。

二、罗马国家的中央治理体系

在与秦汉王朝大体相同的时期，罗马治理国家的模式经历了共和制、元首制和君主制时期，每种模式都有自身的特点。

（一）罗马共和时期的政制

罗马在共和时期实行的是共和政制。在这个体制中，以执政官为首的行政系统、元老院和公民大会，是三支强大的力量。了解这三支力量，对于我们更好地理解与认识罗马的崛起有重要意义。

1. 以执政官为首的行政体系

执政官是古罗马共和国时代的最高行政长官。共和国时

---

① 刘泽华主编：《中国政治思想史（秦汉魏晋南北朝卷）》，浙江人民出版社 1996 年版，第 6—9、11、51—52、63、106—114 页；白寿彝、高敏、安作璋主编：《中国通史》第四卷，上海人民出版社 2000 年版，第 314—315 页。

代，百人队大会每年会选出两名执政官，任期一年。执政官具有军事权和民政权，两位执政官的职权相同，两者之中，每个人都有权反对另一个人。在重要的民政事务上，他们都必须共同行动。最早的执政官只能从贵族中选举产生。共和国初期平民与贵族之间的斗争，促使这一官职向平民开放。由于执政官位高权重，罗马国家在年龄和经验方面设置条件，遏制执政官权力的膨胀。但到了共和国晚期，这些限制被束之高阁。在帝国时代早期，执政官的权力得以保留，但职权遭到严重削减，显著的特点是执政官人数增多，但任期缩短。不过，即便在帝国时代，担任执政官仍是极高的荣誉。与元首共任执政官是一项荣耀。卸任的执政官可以通过抽签的方式外放作行省总督。公元6世纪中期以后，执政官的头衔和选举成为了历史现象。[1]

行政长官是仅次于执政官的最重要的高级官吏，是诉讼方面的最高领导人。在"审判长官"这个意义上，行政长官的职位出现于公元前366年。起初，行政长官设一人，从公元前242年开始，人们每年选出两位行政长官。一名被称为城市的行政长官（praetor urbanus），另一名被称为其他城市的行政长官（praetor peregrines）。前者负责公民之间的诉讼；后者主管

---

① 关于古罗马时期执政官的情况，参见 Simon Hornblower, Antony Spawforth, Esther Eidinow, *The Oxford Classical Dictionary*, Fourth edition, Oxford: Oxford University Press, 2012, pp. 368-369；Francisco Pina Polo, *The consul at Rome: the civil functions of the consuls in the Roman Republic*, Cambridge, New York: Cambridge University Press, 2011；[英] 安德鲁·林托特：《罗马共和国政治》，晏绍祥译，商务印书馆2016年版，第156—164页。

外国人之间以及公民与外国人之间的诉讼。行政长官就职后会发布命令，并指出他们在诉讼方面将要遵守的主要法规。他们的命令成为罗马法最重要的法律渊源之一。行政长官在一年任期满后，会得到治理行省的权力。随着行省数目的增加，行政长官的数量也随之增加，在公元前 1 世纪中叶，行政长官达16 名之多。①

平民保民官是在共和国初期平民反对贵族的过程中产生的。平民保民官从平民上层的有产者中选出。初为两人，后来增至 5 人，公元前 475 年增至 10 人。他们帮助平民向执政官和元老院提出申诉与抗议，反对任何官员滥用职权，对不利于人民的立法抗议进行否决。保民官的权力只是受到同僚干涉权的限制，其反对权不及于独裁官，并且也只是在其任职的时候才能发生效力。不过，到了共和国的末期，保民官的职位完全退化，成为了个别集团进行斗争的工具和军事独裁的工具。②

公元前 443 年，从行政长官的许多职权中，取消了进行都市调查的职权，并把这种职权转交给专门设立的两位监察官的贵族职位。监察官被称为"最神圣的高级官吏"。依据惯例，监察官由过去的执政官选出，每五年选一次，任职 18 个月。

---

① 关于古罗马行政长官的情况，可参见 Simon Hornblower, Antony Spawforth, Esther Eidinow, *The Oxford Classical Dictionary*, Fourth edition, pp. 1203-1204。

② 参见 Simon Hornblower, Antony Spawforth, Esther Eidinow, *The Oxford Classical Dictionary*, Fourth edition, p. 1505 ；[英] 安德鲁·林托特：《罗马共和国政治》，晏绍祥译，商务印书馆 2016 年版，第 181—192 页。

监察官的职责是审查元老名单，进行公民调查，监督公民的道德，管理国家的财产和公共工程。①

在罗马共和国的行政体系中，独裁官非常值得注意。独裁官集最高军权和民政权于一身。按照李维的说法，公元前501年设立了独裁官。一般认为，独裁官只是临时性官职，只是在非常时期才设定。比如在国家遇到强大的外敌入侵，或者内部发生严重叛乱时，设立独裁官。独裁官任职时间不能超过六个月，期满后他必须交出职权。独裁官的设置是罗马应对危机困难的有效手段。此外，在罗马共和国的官僚体系中还有营造官和财务官等官职。②

2. 元老院

在共和国早期的所有国家机构中，元老院占据十分重要的地位。元老院由王政时期的长老议事会发展而来。共和国时期元老经常由卸任的执政官补充。共和国早期，元老由执政官任命。公元前325年之后，元老的任命权则由监察官行使。元老院领导的事务范围非常广泛。在国内或是对外关系中遇到严重困难情况时，元老院可以宣布国家进入紧急状态，并任命独

---

① 关于古罗马监察官的情况，参见 Simon Hornblower, Antony Spawforth, Esther Eidinow, *The Oxford Classical Dictionary*, Fourth edition, p. 296 ；[英] 安德鲁·林托特：《罗马共和国政治》，晏绍祥译，商务印书馆 2016 年版，第 173—180 页。

② 关于独裁官的情况，参见 Simon Hornblower, Antony Spawforth, Esther Eidinow, *The Oxford Classical Dictionary*, Fourth edition, p. 448；[英]安德鲁·林托特：《罗马共和国政治》，晏绍祥译，商务印书馆 2016 年版，第 164—169 页。

裁官；可以通过决议，赋予执政官或其他官员以全权的特殊权力，甚至让权力集中到一个执政官身上。元老院掌握最高军事领导权，决定征兵的时间、数量、征兵的比例构成，规定军事将领的预算，把凯旋或其他荣誉授予主将，遣散军队。元老院掌握国家的全部外交权，由它来准备宣战，缔结合约、盟约等工作。它管理国家财政和国家财产：编制预算、规定税收的性质和额度，监督租税的包收，主管钱币的铸造。元老院拥有最高的监督祭祀典礼的权力，还有制定节日、规定奉献的牺牲、解释征兆及许多其他权力。这就决定了早期共和国时代，元老院在处理国家事务中的核心地位。①

3. 公民大会

（1）库里亚大会

库里亚大会是罗马人民大会最古老的一种形式。在王政时期，库里亚大会是由氏族全体成年男子参加的民众会议。它有权选举高级公职人员（包括勒克斯）、决定战争或议和、通过或否决新规则、对氏族成员的死刑案作出最后判决，但无权提出议案，无权提议改变勒克斯和长老议事会的决定。在表决时，30 个库里亚各有一票，票数过半数决议就宣告通过。随着森都里亚大会和特里布斯大会的出现，库里亚大会失去了原来的重要性，只剩下形式上的权力，即把大权委托给在森都里

---

① 参见 Simon Hornblower, Antony Spawforth, Esther Eidinow, *The Oxford Classical Dictionary*, Fourth edition, pp. 1345-1347；［英］安德鲁·林托特：《罗马共和国政治》，晏绍祥译，商务印书馆 2016 年版，第 102—141 页。

亚大会上选出的高级官吏，决定公民接受养子的问题①。

（2）森都里亚大会

在很长时期内，森都里亚大会是罗马共和国时期最高类型的人民大会。它是塞尔维乌斯改革时创设的大会形式，由百人队参加投票。执政官、行政长官、独裁官等握有大权的高级官吏才能召集森都里亚大会，并担任大会主席。随着它的建立，原本属于库里亚大会的一些重要职权也都转归森都里亚大会。其中包括：宣布战争、选举高级官吏、审判重大案件以及审判一切有关剥夺被告全部公民权的刑事案件等。在森都里亚大会表决时，每个百人队只有一票，所以控制权主要掌握在第一等级手中。因为塞尔维乌斯改革时，把居民划分为六个等级，共组建 193 个百人队，投票时票数超过 97 票，决议就能够通过②。只要前几个等级，尤其是第一等级意见一致，就可以决定事宜。

（3）特里布斯大会

特里布斯大会是古罗马共和国时期参与最广泛的人民大

---

① 参见［英］安德鲁·林托特：《罗马共和国政治》，晏绍祥译，商务印书馆 2016 年版，第 77—78 页；Simon Hornblower, Antony Spawforth, Esther Eidinow, *The Oxford Classical Dictionary*, Fourth edition, pp. 398-399。古罗马共和国早期的行政体系及公民大会的情况，也可参阅 F. W. A. Walbank, E. Astin, M.W. Frederiksen and R. M. Ogilvie, eds., *The Cambridge Ancient History*, Second edition, VII, Cambridge, New York: Cambridge University Press, 2006, pp. 172-216。

② 关于森都利里亚大会的详情见［英］安德鲁·林托特：《罗马共和国政治》，晏绍祥译，商务印书馆 2016 年版，第 87—95 页。也可参见 Simon Hornblower, Antony Spawforth, Esther Eidinow, *The Oxford Classical Dictionary*, Fourth edition, p. 298。

会，也被称为平民会议。最初，平民按照特里布斯在广场上举行会议。在大会上通过的决议只对平民有效，也只要求平民遵守。公元前287年，霍腾西乌斯被任命为独裁官。他颁布一项法律，再次批准公元前449年的法律：平民大会的决议对全体公民都具有效力。平民大会通过的决议，无论贵族是否同意，都必须遵守。此后，平民会议成为平民与贵族都广泛参加的人民大会。特里布斯大会有审判权和选举官吏的权力。共和国时代，公元前287年之后，罗马的一切法律都由特里布斯大会来通过。①

以执政官为首的行政体系、元老院和公民大会是罗马共和国时代国家运行的三大支柱。总体而言，三者之间维持了平衡状态，不会让其中的一方过于强大。这三支力量之间的张力，促使罗马国家在良好的状态中运行。这种张力也让罗马国家在与地中海西部迦太基和地中海东部希腊化国家竞争的过程中获得了最后胜利。

（二）罗马帝国时期的中央治理体系

罗马帝国前期为元首制时期，后期为君主制时期。

奥古斯都在内战结束后，效法共和时期的先例，用"元首"头衔表明自己的地位，以示尊重共和传统。这一头衔为奥古斯都的继任者专有，此后两个多世纪中，每位统治者在即位时都

---

① 关于罗马特里布斯大会的详细情况，可参见〔英〕安德鲁·林托特：《罗马共和国政治》，晏绍祥译，商务印书馆2016年版，第78—86页。

自称元首。根据这一称谓，人们把奥古斯都时期最后形成并在其继承者时期继续存在的国家制度，称为元首制①。这一制度是与共和国传统相妥协的结果，其实质是披着共和外衣的个人独裁统治。

元首是罗马元首制的核心，也是罗马帝国前期中央治理体系的核心。它把原属共和国的许多大权通过合法途径集中到自己手中。元首有自己的一套管理体系，通过以近卫军长官、罗马市长、财务代理人等为核心的官僚系统控制了国家的各项大权。其权责广泛，拥有行政权、立法权、司法权和财政权及其他权力。在元首制下，共和国时期的官职和管理体系继续存在。元老院在国家行政、立法、司法中依然发挥着重要作用，甚至新任元首要得到元老院的确认才具有合法性。在元首制时期，元首和元老院共同完成对国家的统治与管理工作。

在戴克里先和君士坦丁统治时期，罗马帝国完成了从元首制向君主制的过渡。确立君主制后，罗马国家出现了相对复杂和更加集权的官僚机构。在君主之下形成了包括近卫军长官、国库财政总管、私库大臣、档案官、书信官和诉讼官在内的宫廷官员体系②。所有与共和制有联系的职官，如执政官、行政长官、保民官等都成了荣誉职位。元老院也与宫廷和实际行政机

---

① 〔俄〕科瓦略夫：《古代罗马史》，王以铸译，生活·读书·新知三联书店2011年版，第662页。

② 王振霞：《公元3世纪罗马政治与体制变革研究》，社会科学文献出版社2014年版，第135—140页。

构失去了联系，不再具有原来的政治意义，形同虚设。君主则
集中了国家的一切大权，"皇帝控制对外政策，任意发动战争，
随意提高税收并随心所欲地花费。他个人任命所有的行政官
职，随意处理内政和军队事务。他对臣民有生杀予夺的权力，
而且他还是立法的源泉，随意制定新法律，废止旧法律"。① 在
君主制时期，罗马建立起一整套以君主为核心的、相对完备的
中央管理系统。

三、秦汉王朝与罗马国家的中央治理体系之异同

（一）秦汉王朝与罗马国家中央管理体系的相同之处

秦汉王朝时期的中国与罗马国家有许多相似之处。就中央
治理体系而言，两者都有一套中央管理机构。在秦汉王朝，与
中央管理机构相对应的是地方的郡县；在罗马国家，与中央管
理机构相对应的则是行省和自治市。

秦汉王朝与罗马国家的中央管理机构都经历了一个发展
过程。秦汉王朝的中央管理机构继承先秦的中央管理机构发
展而来，其中有继承，更有发展。罗马国家的中央管理机构
自身有一个变迁过程，它由王政时期的中央管理机构，发展
至共和时期的中央管理机构，进一步发展至元首制时期和君
主制时期的中央管理机构，其中每一个发展阶段也都各有特

---

① 　王振霞：《晚期罗马帝国的集权体制和吏治腐败》，《齐鲁学刊》2012 年第 3 期。

点。双方的中央管理机构的发展体现出共同特征，即权力逐渐走向集中。秦王朝建立了以皇帝为中心的中央集权制。汉王朝承继秦制，而在东汉时期，在少府中又发展出尚书台，中央的权力进一步集中到皇帝手中。罗马共和国时期，代表贵族利益的元老院是国家的核心，中央的各项权力集中在元老院手中。元首制时期，国家权力（包括中央和地方）逐渐向元首手中集中，但元老院依然发挥着重要作用。不过，君主制时期，元老院被边缘化，甚至仅成为帝国的"点缀"，国家的一切权力集中在君主手中。

秦汉王朝和罗马国家在中央都有一套完整的管理机构。秦汉王朝实行中央集权制，以皇帝为中心建立起庞大的管理机构。秦汉王朝的中央管理机构由皇帝和庞大的官僚队伍组成。皇帝是中央管理体系的核心，有至高无上的权力，独揽一切行政、立法、财政、军事大权，还掌控考选、任免、赏罚、生杀予夺的大权。在皇帝之下设立"三公"、"九卿"。"三公"指的是丞相、御史大夫和太尉。"九卿"即太常、宗正、光禄勋、太仆、卫尉、廷尉、大鸿胪、大司农、少府等，"九卿"之下还有许多职位不等的属官，其中秩六百石以上的官员有资格参与朝会和廷议。皇帝、"三公"、"九卿"以及"宫官"① 与后来形成的所谓"中朝官"②，共同构成了秦汉时期中央管理机构。罗马国家的中央管理机构和行政体系，在共和国时期，包括元

---

① 即服务于宫中的官员，包括太子属官和皇后属官。

② 其中的重要组成部分是从少府中分离出来的。

老院、公民大会和以执政官为首的行政体系。其中公民大会是立法机关，元老院是国家的核心，执政官是最高行政长官和军事长官。在以执政官为首的行政体系中包括行政长官、营造官、监察官、财务官等。此外，还有国家在非常时期任命的独裁官。在元首制时期，元首是国家和中央管理机构的核心。共和国时期的机构和所设官职继续存在，但其职权和作用逐渐减小，不过元老院在立法和国家管理中仍然发挥着重要作用。但总体而言，这一时期，国家的权力逐渐转移到元首及其所属的官员手中。在君主制时期，罗马国家的立法、司法、行政、财政、军事等一切权力都掌握在君主手中，国家也建立起了比较完整、系统、成熟的中央管理机构和行政体系。

秦汉王朝与罗马国家的中央管理机构及其体制在各自的发展过程中都发挥了重要作用。秦汉王朝的中央管理机构和行政体系保证了国家内部的统一，使它们在与周边少数民族尤其是北部匈奴游牧民族的竞争中处于优势地位，是秦汉大一统王朝空前强大和持续发展的重要支撑力量。在共和国时期，罗马国家的中央管理机构及其行政体系，是罗马在西部地中海击败迦太基、在东部地中海征服希腊化国家建立霸权的关键因素。古典史家波利比乌斯在其名著《通史》（*The Histories*）第六卷中对此有充分的论述。[①] 屋大维开创元首制，新的管理和统治模式不仅使罗马摆脱了共和国末期面临的混乱形势，而且让它获

---

① 参见 Polybius, *The Histories*, Volume III, Books VI, with an English translation by W. R. Paton, Cambridge, Massachusetts: Harvard University Press, 1979。

得了 200 年左右的和平发展时期。戴克里先创建君主制，经过君士坦丁的补充与完善，罗马国家建立起系统的帝国管理体系和成熟的官僚体系，加强了对国家的控制，结束了罗马的"三世纪危机"，延缓了罗马帝国衰落的进程。

（二）秦汉王朝与罗马国家中央治理体系的相异之处

1. 中央管理机构

秦汉王朝和罗马国家都有一套完整的中央管理机构和行政体系，在当时的世界上都居于领先地位。秦汉王朝的中央管理机构复杂精密、规模庞大、体系完备，奠定了中国古代中央管理体制的基础和基本框架，这一体制为此后历代王朝承继、发展。罗马国家的中央管理机构和行政体系，在共和时期、元首制时期和君主制时期各有阶段性特点，也体现了它的不断变化和发展，但它在机构的复杂性、规模和体系完备方面，与大体处在同一时期的秦汉王朝还存在较大差距，并且值得注意的是，罗马国家的中央管理机构及其行政体系，并未很好地传承至蛮族南下后的西欧中世纪。

总体而言，秦汉王朝中央管理机构规模庞大，体系完备，职权明确，运行高效，并且有制度保障。这与先秦时期中央管理机构和行政体系的发展紧密相连。秦汉王朝的政治制度是缓慢发展逐渐累积的转型和质变①。到秦汉时期，中国的中

---

① 阎步克：《波峰与波谷——秦汉魏晋南北朝的政治文明》，北京大学出版社 2018 年版，第 5 页。

央管理机构和体系已经比较成熟。其实，周朝的官员体制就已颇具规模，西周春秋时诸侯国各自为政，战国以来各国政权都在走向集权①。先秦还出现过一部规划官制的古书《周官》，其成书年代虽不清楚，但其中"分官设职"的精心安排，反映了中国人对精密整齐的官员组织很早就兴趣盎然。而在《汉书》和《续汉书》中分别有《百官公卿表》和《百官志》等专门记述官制的典籍②。不过，罗马国家，迄今所见，只是在公元 6 世纪中叶才出现了私人撰述的相关类似文献③。

秦汉王朝，中央管理机构规模庞大，体系复杂。在前文述及秦汉王朝的中央管理机构时，我们已经看得非常明显。以秦汉时期的三公为例：秦确立了丞相制，但其组织并不完善，丞相之属官亦较少。到了汉代，丞相制发展日益完善，丞相属官队伍逐渐扩充并庞大起来。④ 在丞相府的属官队伍中，长史、司直和诸曹掾属地位重要。其中长史佐助丞相，署理诸曹之

---

① 阎步克：《波峰与波谷——秦汉魏晋南北朝的政治文明》，北京大学出版社 2018 年版，第 5 页。

② 阎步克：《波峰与波谷——秦汉魏晋南北朝的政治文明》，北京大学出版社 2018 年版，第 6 页。

③ 即约翰·吕杜斯的《论罗马国家的职官》（John Lydus, *On the Magistracies of the Roman State*），参见 Christopher Kelly, *Ruling the Later Roman Empire*, Cambridge, Massachusetts, and London, England: the Belknap Press of Harvard University Press, 2004, pp. 11-17。

④ 白寿彝、高敏、安作璋主编：《中国通史》第四卷，上海人民出版社 2000 年版，第 812 页；安作璋、熊铁基：《秦汉官制史稿》，齐鲁书社 2007 年版，第 13、23、25、34 页；孟祥才：《中国政治制度通史》第三卷《秦汉》，人民出版社 1996 年版，第 156 页。

职。司直是丞相府中最高属官，"掌佐丞相举不法"①。诸曹掾属，则分曹处理政务。汉武帝时，丞相府已有"吏员三百六十二人"。②太尉主管军事。此职在秦汉时期有变化，其职权也有演变。西汉太尉属官比较少，至东汉，太尉职权加重，除军事顾问外，还综理军政，也有诸多属官。据载，东汉时期太尉府有长史一人，署诸曹事；掾史属二十四人，分曹理事；还有令史及御属二十三人，各主专门事务。此外，还有官骑三十人。③御史大夫的设置始于秦朝，西汉承之。其主要职责为"典正法度，以职相参，总领百官，上下相监临"，同时，兼管文书事务。御史大夫的主要属官有御史丞和御史中丞。御史丞领御史三十人，理百官之事；御史中丞在殿中掌图籍秘书，外督部刺史，内领侍御史十五人，受公卿奏事，举劾按章。④"三公"之

---

① 《汉书·百官公卿表》言："武帝元狩五年，初置司直，秩比二千石，掌佐丞相，举不法"，见班固：《汉书》卷十九上，中华书局2011年版，第724—725页。《续汉书志》又言：司直尤其"助督录诸州事"，见司马彪：《续汉书志》第二十四，范晔：《后汉书》，中华书局2011年版，第3561页。

② 白寿彝、高敏、安作璋主编：《中国通史》第四卷，上海人民出版社2000年版，第812页；孟祥才：《中国政治制度通史》第三卷《秦汉》，人民出版社1996年版，第158页。

③ 司马彪：《续汉书志》第二十四，范晔：《后汉书》，中华书局2011年版，第3557—3560页；孟祥才：《中国政治制度通史》第三卷《秦汉》，人民出版社1996年版，第163—164页。安作璋、熊铁基：《秦汉官制史》，齐鲁书社2007年版，第78页及第79页附表五。

④ 孟祥才：《中国政治制度通史》第三卷《秦汉》，人民出版社1996年版，第159—163页；王育民：《秦汉政治制度》，西北大学出版社1996年版，第27—30页；关于御使大夫的属官，参见安作璋、熊铁基：《秦汉官制史》，齐鲁书社2007年版，第69页附表五"西汉御史大夫属官表"。

下的"九卿"也各有规模庞大的属官，他们分工明确，各司其职。据《汉书·百官公卿表》记载，西汉官吏"吏员自佐史至丞相十二万二百八十五人"，尽管这并不一定是当时官吏人数的全部，也不能代表秦和东汉时期官吏人数，但它无疑表明，秦汉时期有一支庞大的官僚队伍。

罗马国家也有一支完整的中央管理机构和行政体系，但就其规模和官僚机构的复杂性而言，与秦汉王朝时期相比还有较大差距。杨共乐教授认为，直到公元前 3 世纪，罗马本身的政治制度仍然相当落后，政府机构除了几种公民大会和元老院外，就是为数不多的一些官员。他们没有一套复杂的官僚机构，没有很多的辅助小吏和服务人员。[1] 关于这一点，我们仅从共和国时期执政官、行政长官和财务官等官职的设置上，就可见一斑。在罗马共和国时期的中央管理机构和行政体系中，执政官掌握着国家的行政和军事大权，每年选出两名。执政官除随从外，无其他属官。行政长官主管审判事务，掌握司法大权，后来也负责行省事务；初为一人，公元前 242 年之后每年选出两名行政长官，随着行省的增加，行政长官的人数也在增长，到公元前 1 世纪中期，行政长官多达 16 名[2]，而行政长官除随从外也无其他属官。财务官在公元前 5 世纪以前只有 2 名，到凯撒时期，增加到 40 多人，不过，

---

① 杨共乐：《罗马史纲要》，商务印书馆 2007 年版，第 54—56 页。
② 罗马行省增多后，为加强对行省的管理，罗马国家设置执政官级总督和行政长官级总督，故此，行政长官等的人数不断增加。

财务官本身也并无属官。共和国时期中央管理机构和行政体系中的其他官职大多亦是如此。公元前 2 世纪以后，罗马国家版图逐渐扩大，政府管理职能逐渐庞杂，官僚队伍扩大，辅助人员增多，上文中财务官数量的不断增加就是这种状况的真实反映。但"罗马高级行政人员一直没有增加，他们的任期也没有延长"[①]。

屋大维创立元首制后，共和国时代的机构和官职大都保留下来，同时元首也逐渐培植自己的官员，重用自己的友人、被释奴，甚至是奴隶。元首制时期，中央管理机构和行政体系有所扩大，但仍然保持了较小的规模。罗马国家的官僚队伍依然不足。罗马不仅在共和国时期缺乏官僚体制和队伍，而且在帝国的前三个世纪中也同样缺乏[②]。即便罗马在君主制时期，官僚体系不断扩大并趋于完善、成熟[③]，罗马国家政府吏员也不过3万余人[④]。这与汉代中国官僚体系的规模仍有较大差距。尽管我们不能以官僚队伍规模大小判定优劣，但它在一定程度上反映出官僚系统和管理机构的复杂性、精密性和系统性。有学者指出："秦汉行政充分利用文书档案，严格遵循法规做事，其组

---

① 杨共乐：《罗马史纲要》，商务印书馆 2007 年版，第 91—92 页。

② Wlter Scheidel, *Rome and China: Comparative Perspectives on Ancient World Empire*, Oxford, New York: Oxford University Press, 2009, p. 18.

③ Wlter Scheidel, *Rome and China: Comparative Perspectives on Ancient World Empire*, pp. 17-18.

④ Wlter Scheidel, *Rome and China: Comparative Perspectives on Ancient World Empire*, p. 19.

织架构所达到的复杂完善程度，被认为超过了同期的罗马帝国。"① 这一观点有其道理。

2. 秦汉王朝与罗马国家官吏的选任与考核之异

（1）秦汉王朝官吏的选任与考核

秦汉王朝这样庞大的官僚系统的运转，需要不断补充新生力量，以维持稳定规模的官僚队伍。它们采用"自上而下"与"自下而上"相结合并辅以多种途径的方式选任官吏，为官僚体系的正常运行提供了人才保障。

①官吏的选任

秦在统一之前，"仕进之途，唯辟田与胜敌而已"，其中，胜敌是主要途径。秦统一后的官吏，也多出于军功。到了汉代，朝廷在秦的基础上，建立起一整套选举人才的选官制度。这套制度包括察举、皇帝征召、公府与州郡辟除、大臣举荐、考试、任子、纳赀及其他多种形式。它对当时政治、经济、文化等方面的发展起到了重要的推动作用，对后世选官制度产生了深远影响。

察举。察举是自下而上推选人才为官的制度。察举制在秦汉之前就已存在，秦朝时已经比较广泛地实行由下而上的推举制度。到了汉武帝时代，察举成为一种比较完备的选官制度。汉代察举制有其标准："一曰德行高妙，志节清白；二曰学通行修，经中博士；三曰明达法令，足以决疑，能案章覆问，文中御史；四曰刚毅多略，遭事不惑，明足以决，才任三辅令，皆

---

① 　阎步克：《波峰与波谷——秦汉魏晋南北朝的政治文明》，北京大学出版社2018年版，第6页。

有孝弟廉公之行。"① 史称"四科取士"。它也有严格的要求与保障措施："审四科辟召，及刺史、二千石察茂才尤异孝廉之吏，务尽实核，选择英俊、贤行、廉洁、平端于县邑，务授试以职。有非其人，临计过署，不便习官事，书疏不端正，不如诏书，有司奏罪名，并正举者。"② 察举始于西汉。东汉继续沿用此制。魏晋以后察举制仍有延续。③ 如上文所言，察举的标准仅有四科，但它的具体科目很多，主要有孝廉、茂才、贤良方正、文学（通常指经学），以及明经、明法、尤异、治剧、兵法、阴阳灾异等临时规定的特殊科目。④ 在各种察举科目中，以孝廉最为重要。

孝廉即孝子廉吏。汉武帝元光元年（公元前 134 年），"初令郡国举孝廉各一人"⑤。此为举孝廉之始。本为举孝察廉二科，举

<hr>

① 司马彪：《续汉书志》第二十四，范晔：《后汉书》，中华书局 2011 年版，第 3559 页，注释 [二]。

② 司马彪：《续汉书志》第二十四，范晔：《后汉书》，中华书局 2011 年版，第 3559 页，注释 [二]。

③ 阎步克：《察举制度变迁史稿》，北京师范大学出版社 2021 年版，"引言"第 1 页。

④ 白寿彝、高敏、安作璋主编：《中国通史》第四卷，上海人民出版社 2000 年版，第 850—851 页；安作璋、熊铁基：《秦汉官制史稿》，齐鲁书社 2007 年版，第 800—804 页；黄留珠：《秦汉仕进制度》，西北大学出版社 1985 年版，第 83—86 页；王育民：《秦汉政治制度》，西北大学出版社 1996 年版，第 86—88 页；孟祥才：《中国政治制度通史》第三卷《秦汉》，人民出版社 1996 年版，第 367—369 页；阎步克：《察举制度变迁史稿》，北京师范大学出版社 2021 年版，第 3—7 页，对于"四科"的具体考析，见该书第 14—20 页。

⑤ 班固：《汉书》卷六，中华书局 2011 年版，第 160 页。颜师古注曰："孝谓善事父母者，廉谓清洁有廉隅者。"

孝子和廉吏各一人。不过，在两汉，孝、廉则常常混同一科。在汉武帝元朔元年（公元前 128 年）之后，举孝廉逐渐形成制度并得以贯彻执行。察举孝廉的制度，为岁举，即郡国每年都要向朝廷推荐人才，孝廉一科由此成为入仕正途，举孝廉也成为一种政治权力。① 行使察举权的官员，包括诸侯王、三公九卿、郡国守相等，其中最主要、举人最多的是郡国守相以及东汉时的刺史州牧。② 举孝廉的期限和名额固定③，因此有了制度保证。④

　　文献中有很多关于汉代举孝廉的史例，两《汉书》中有据

---

① 白寿彝、高敏、安作璋主编：《中国通史》第四卷，上海人民出版社 2000
　年版，第 851—852 页；安作璋、熊铁基：《秦汉官制史稿》，齐鲁书社 2007
　年版，第 804—807 页。关于举孝廉的论述，还可参见黄留珠：《秦汉仕进
　制度》，西北大学出版社 1985 年版，第 89—96 页；不同的观点见阎步克：
　《察举制度变迁史稿》，北京师范大学出版社 2021 年版，第 31—40 页。

② 王育民：《秦汉政治制度》，西北大学出版社 1996 年版，第 88 页。

③ 关于推荐的名额和规则，在《后汉书》中有记述："时大郡口五六十万举
　孝廉二人，小郡二十万并有蛮夷者亦举二人。帝以为不均，下公卿会议。
　鸿与司空刘方上言：'凡口率之科，宜有阶品，蛮夷错杂，不得为数。自
　今郡国率二十万口岁举孝廉一人，四十万二人，六十万三人，八十万四
　人，百万五人，百二十万六人。不满二十万二岁一人，不满十万三岁一
　人。'帝从之。"（范晔：《后汉书》卷三十七，中华书局 2011 年版，第 1268
　页）和帝对于边郡少数民族杂居地区，又另行定规制。永元十三年发布诏
　令说："幽、并、凉州户口率少，边役众剧，束修良吏，进仕路狭。抚接
　夷狄，以人为本。其令缘边郡口十万以上岁举孝廉一人，不满十万二岁举
　一人，五万以下三岁举一人。"（范晔：《后汉书》卷四，中华书局 2011 年版，
　第 189 页。）

④ 安作璋、熊铁基：《秦汉官制史稿》，齐鲁书社 2007 年版，第 807 页。孟祥才：
　《中国政治制度通史》第三卷《秦汉》，人民出版社 1996 年版，第 369—370 页；
　黄留珠：《秦汉仕进制度》，西北大学出版社 1985 年版，第 97—103 页。

可考的就有一百多人。从被举者的资历来看，大多为州郡属吏或通晓经书的儒生。从任用的情况来看，在中央的以郎署为主，再迁为尚书、侍御史、侍中、中郎将等官；在地方则以令、长、丞，再迁为太守、刺史。汉武帝之后直至东汉，有不少名公巨卿就出身于孝廉。[①] 在察举的其他科目中，也选拔了许多良才。晁错、董仲舒、公孙弘和严助等就出身于贤良方正与文学科目。[②] 在察举诸科中，实际上分为岁举和特举，岁举是常制，特举由诏令临时规定。它们是由下而上推选人才的制度，对汉代政治产生了很大影响。

征辟。征辟是一种自上而下选拔官吏的制度，主要有皇帝征聘与公府、州郡辟除两种方式。皇帝征聘是采取特征与聘召的方式，选拔有名望的品学兼优之人，或备顾问，或委任政事。秦代已经有征召。到了汉代，征召相沿成例。所征之人被称为征君。被征召者身份、名望、地位不同，征召的规格亦有不同。一般被征召者赴朝廷就职，须自备车马费用。对于德高望重的学者，特予优待。皇帝征聘，为汉代最尊荣的仕途，征君去就自由，朝廷虽然可以督促，不能强制。既征之后，被征者亦不同于一般的官吏，皇帝大都以宾礼待之。征聘原意系为国家搜罗遗才，有助于政教；但至东汉末年，上则以此沽求贤之名，下则以此钓清高之

---

① 安作璋、熊铁基：《秦汉官制史稿》，齐鲁书社 2007 年版，第 806 页。关于两汉所举孝廉的详细情况，参见黄留珠：《秦汉仕进制度》，西北大学出版社 1985 年版，第 106—142 页。

② 安作璋、熊铁基：《秦汉官制史稿》，齐鲁书社 2007 年版，第 810—811 页；黄留珠：《秦汉仕进制度》，西北大学出版社 1985 年版，第 184—187 页。

誉，已背离初衷，逐渐失去其求贤辅国之本意了。①

公府与州郡辟除。辟除是高级官员任用属吏的一种制度。春秋战国时期，已有高级官吏自行任免下属的记载。不过，在秦和汉初，官吏任免多为中央控制。大约在汉高祖后期，至迟在文景之时，各级行政长官自辟掾属逐渐成为制度。②在汉代辟除官吏有两种情况：一种是三公府辟除，试用之后，由公府高第或由公卿荐举与察举，可出补朝廷官或外长州郡，因此公府掾属官位虽低，却易于显达。另一种是州郡辟除，由州郡佐吏，因资历、功劳，或试用之后，以有才能被荐举或被察举，也可以升任朝廷官吏或任地方长吏。③

公府辟除。两汉公府自丞相（司徒）、御史大夫（司空）、太尉（司马）、大将军以至诸卿如光禄大夫、太常等，都可以自辟掾属。公府既辟之后，除主官可以直接向朝廷推荐之外，还可依诏令所定科目察举。所以，公府辟除为汉代选官入仕的重要途径。④

州郡辟除。在地方州郡也可以进行辟除。西汉时，郡守辟除掾属就已成为制度，甚至诸曹的设置，太守也可以酌加变

---

① 安作璋、熊铁基：《秦汉官制史稿》，齐鲁书社 2007 年版，第 818—820 页；王育民：《秦汉政治制度》，西北大学出版社 1996 年版，第 88—89 页；黄留珠：《秦汉仕进制度》，西北大学出版社 1985 年版，第 205—207 页。

② 王育民：《秦汉政治制度》，西北大学出版社 1996 年版，第 89—90 页。

③ 安作璋、熊铁基：《秦汉官制史稿》，齐鲁书社 2007 年版，第 821 页。

④ 安作璋、熊铁基：《秦汉官制史稿》，齐鲁书社 2007 年版，第 821、823 页；黄留珠：《秦汉仕进制度》，西北大学出版社 1985 年版，第 200—203 页；孟祥才：《中国政治制度通史》第三卷《秦汉》，人民出版社 1996 年版，第 372 页。

更。东汉时，刺史成为地方高级行政长官，州中掾属都由其自行辟除。州郡辟除，实为汉代选官的又一重要途径。[①] 在州郡辟除的掾属中，有许多成为朝廷或郡国大吏。如西汉王尊为太守辟除书佐，后官职京兆尹，治绩颇著，为吏民所赞。[②] 东汉陈蕃，为州辟除别驾，后来官至太尉。[③]

汉代进入官场者，多由辟除一途。辟除又同察举结合，二者相辅相成。汉代察举，不分已仕未仕，郡县辟除的下级掾属，表现优异者多会通过州郡长官的察举上达，或者通过更高级官府的再度辟除上达。特别是中央公府所辟除的掾属，不仅执掌重要，而且迁除迅速，在仕途中为人所重。东汉崔寔的《政论》云："三府掾属，位卑职重，及其取官，又多超卓，或期月而长州郡，或数年而至公卿。"[④] 因而，辟除在汉代选官制度中也占有重要地位。

值得注意的是，无论是察举制还是征辟制，都与考试相辅相成、互相为用。察举之后，还需要经过考试，而后方能量才录用。无论是郡国岁举的孝廉，还是诏令特举的贤良、文学，到朝廷之后，均须经过考试。公府辟召及博士弟子，

---

① 白寿彝、高敏、安作璋主编：《中国通史》第四卷，上海人民出版社 2000
　年版，第 859 页；安作璋、熊铁基：《秦汉官制史稿》，齐鲁书社 2007 年版，
　第 824—825 页。
② 班固：《汉书》卷七十六，中华书局 2011 年版，第 3226—3233 页。
③ 范晔：《后汉书》卷六十六，中华书局 2011 年版，第 2159—2163 页。
④ 王育民：《秦汉政治制度》，西北大学出版社 1996 年版，第 90 页；黄留珠：
　《秦汉仕进制度》，西北大学出版社 1985 年版，第 203 页。

也要依诏令规定进行考试。考试成为汉代选官任贤的重要一
环。① 秦汉时期的选官制度，经过魏晋南北朝时期的曲折发展，
最终孕育出隋唐时期的科举制②。科举制发展起来后，在中国
后半期成为政权的主要制度支柱，为国家治理和繁荣发展提
供了源源不断的人才资源。

当然秦汉时期，除了"自下而上"推荐人才的察举制和"自
上而下"选拔人才的征辟制外，还有任子、上书拜官、以材力
为官、以方伎为官等多种途径和方法，它们共同构成了秦汉时
期的选官制度。正是这种多种方法、多渠道的人才选拔机制，
保证了当时复杂的官僚系统的正常和高效运转。

②秦汉王朝官吏的考核

秦汉时期，官员的选举有严密的规章制度。官员就任后，也
要受到严格的考核。这种考核对于保证官僚体系的高效运作非常
重要。秦汉时期对于官吏的考核主要通过上计来实现。秦的上
计，每年进行一次。上计不仅要将地方上各方面的情况登记造
册，而且还要将相关物品一并送上。③ 汉代的上计考课，大体上
承袭秦制，分为常课和大课。常课，即每年年终，郡国上计吏携

---

① 安作璋、熊铁基：《秦汉官制史稿》，齐鲁书社 2007 年版，第 826—827 页；
孟祥才：《中国政治制度通史》第三卷《秦汉》，人民出版社 1996 年版，第
373 页。对于"考试"内涵的不同见解，参见阎步克：《察举制度变迁史稿》，
北京师范大学出版社 2021 年版，第 64—65 页。

② 阎步克：《波峰与波谷——秦汉魏晋南北朝的政治文明》，北京大学出版社
2018 年版，"序言"第 3 页。

③ 安作璋、熊铁基：《秦汉官制史稿》，齐鲁书社 2007 年版，第 881 页。

带计簿（书面汇报）到京师上计（汇报）；大课，即每三年对治理情况进行考察。① 汉代，从中央到地方都有对官吏的严密考核体系。就中央层面而言，既有朝廷对郡及郡守的考核，也有上级对下级的考核，即公卿守相或各部门主官考核各自所属的掾属。②

上计、考课关乎国家大政，朝廷非常重视。皇帝常常亲自主持其事，有时巡幸郡国，就地上计③。不过，汉朝中央主管上计的机关是丞相府和御史府。丞相主要负责课殿最（上功曰最，下功曰殿）上闻，御史大夫主要负责按察虚实真伪，二府相辅为用。丞相御史大夫亲自主管上计，但具体事务则另选专人负责。东汉时，三公分掌丞相之职，所以郡国的上计也由三公分管。④《续汉书·百官志》分别记述了司徒、司空和太尉的考课之责。⑤ 但实际上，自西汉末年至东汉，上计考课的实权逐渐转归尚书。这种情况在东汉表现得尤为明显，据蔡质《汉

① 安作璋、熊铁基：《秦汉官制史稿》，齐鲁书社 2007 年版，第 882 页。

② 安作璋、熊铁基：《秦汉官制史稿》，齐鲁书社 2007 年版，第 882 页；孟祥才：《中国政治制度通史》第三卷《秦汉》，人民出版社 1996 年版，第 387 页。

③ 在《汉书·武帝纪》中有相关记载："（元封五年）春三月，还至泰山，增封。……因朝诸侯王列侯，受郡国计。""太初元年冬十月，行幸泰山。……春还，受计于甘泉。"班固：《汉书》卷六，中华书局 2011 年版，第 196、199 页；安作璋、熊铁基：《秦汉官制史稿》，齐鲁书社 2007 年版，第 883 页。

④ 白寿彝、高敏、安作璋主编：《中国通史》第四卷，上海人民出版社 2000 年版，第 877 页；安作璋、熊铁基：《秦汉官制史稿》，齐鲁书社 2007 年版，第 883 页；孟祥才：《中国政治制度通史》第三卷《秦汉》，人民出版社 1996 年版，第 388—389 页；王育民：《秦汉政治制度》，西北大学出版社 1996 年版，第 109—110 页。

⑤ 前文对此已有详细介绍，此不赘言。

仪》记载尚书"典天下岁尽集课事"。① 此时，尚书台已完全掌握了上计考课之事。

州成为郡的上级时，州对郡也有考课权。如前文所述，州刺史原为监察官，自身受朝廷御史中丞的考课。与此同时，刺史还代表朝廷巡行郡国刺察守相，岁尽诣京师奏事。② 而其时正值郡国上计之时，故刺史奏事对于考课郡国有很大作用，以此可甄别计簿的真伪虚实。东汉后，刺史逐渐由监察官转变为地方的最高行政长官，州成为郡的直接上级，当然就有考课之实权。③

值得注意的是，无论是公卿考课州郡，还是刺史考课郡守，均需认真履行职责，倘若考课不实，则应反坐其罪。在《后汉书》中就有这样的例子。④

---

① 司马彪：《续汉书志》第二十六，范晔：《后汉书》，中华书局 2011 年版，第 3597 页，注［二］引用蔡质《汉仪》；孟祥才：《中国政治制度通史》第三卷《秦汉》，人民出版社 1996 年版，第 389 页；王育民：《秦汉政治制度》，西北大学出版社 1996 年版，第 110 页。

② 《续汉书·百官志》："诸州常以八月巡行所部郡国，录囚徒，考殿最。初岁尽诣京都奏事，中兴但因计吏。"司马彪：《续汉书志》第二十八，范晔：《后汉书》，中华书局 2011 年版，第 3617 页。

③ 白寿彝、高敏、安作璋主编：《中国通史》第四卷，上海人民出版社 2000 年版，第 877—878 页；安作璋、熊铁基：《秦汉官制史稿》，齐鲁书社 2007 年版，第 886 页。

④ 如：《后汉书·宋弘传》记述："（大司空宋弘）在位五年，坐考上党太守无所据，免归第。"《后汉书·郭丹传》记载："（司徒郭丹）坐考陇西太守邓融事无所据，策免。"范晔：《后汉书》卷二十六、卷二十七，中华书局 2011 年版，第 905、941 页；孟祥才：《中国政治制度通史》第三卷《秦汉》，人民出版社 1996 年版，第 389 页；安作璋、熊铁基：《秦汉官制史稿》，齐鲁书社 2007 年版，第 887 页。

当时朝廷主要通过上计制度来掌握全国情况，并据以考核地方官吏的政绩。户口、垦田、钱谷、治狱是当时上计的主要内容①。汉代上计内容非常广泛而具体。这是朝廷了解地方情况，考察地方官吏的重要措施。② 尽管在上计、考课的过程中难免有弄虚作假的情况，但就整体而言，它们对于吏制的清明，国家的稳定有重要作用。

综上考察，秦汉王朝官吏的选任与考核，都有严格而有效的制度。体系化、制度化与有效性是其明显的特征。

（2）罗马国家的选官与考核

①罗马国家官吏选任

罗马共和国时期，官僚队伍规模不大。在它的行政系统中，所有官员都由选举产生。执政官是罗马共和国时期最高行政长官。每年两名执政官由百人队大会选举产生。仅次于执政官的行政长官，最初设一人，从公元前 242 年开始设立两名行政长官，他们也由选举产生。监察官、营造官、财务官以及地位特殊的保民官，也都由选举产生。塞尔维乌斯创

---

① 《续汉书·百官志》补注引胡广曰："秋冬岁尽，各计县户口垦田，钱谷入出，盗贼多少，上其集簿。"司马彪：《续汉书志》第二十八，范晔：《后汉书》，中华书局 2011 年版，第 3623 页，注释［二］所引胡广曰的内容；孟祥才：《中国政治制度通史》第三卷《秦汉》，人民出版社 1996 年版，第 389 页；王育民：《秦汉政治制度》，西北大学出版社 1996 年版，第 108 页。

② 孟祥才：《中国政治制度通史》第三卷《秦汉》，人民出版社 1996 年版，第 387、391 页；王育民：《秦汉政治制度》，西北大学出版社 1996 年版，第 111 页；安作璋、熊铁基：《秦汉官制史稿》，齐鲁书社 2007 年版，第 892—893 页。

立的百人队大会以及后来形成的特里布斯大会是选举共和国时期官吏的机关。共和国初期，这些官吏从贵族中选出。平民与贵族经过长期的斗争之后，也获得了参选、担任共和国官吏的资格。但实际上，这些官职，尤其是执政官、行政长官、监察官等高级官职，长期为贵族所把持，平民担任高级官职的机会很少。

元老院占据十分重要的地位。它由王政时期的长老议事会发展而来，成员为 300 人。王政时期，长老由国王任命。据传罗慕路斯任命了长老议事会最初的 100 名长老。第三王图努斯也任命了 100 名长老。最后，老塔克文又增加了 100 名长老。长老的数目达到 300 人。在共和国早期，元老则由执政官任命。公元前 325 年之后，元老的任命权则由监察官行使。监察官每五年重新审查一次元老名单。他们可以将因某种理由不适合自己任务的成员从元老名单中删除，将一些新人选进元老队伍当中。根据奥尼维乌斯法令，"监察官要宣誓把各种高级官吏中最优秀的人物选入元老院"。共和国后期，元老通过公民大会选举产生，是一项基本原则。不过，到了共和国末期内战频仍，这种原则屡被打破。苏拉凭借独裁官直接任命 300 名骑士为元老①。而凯撒为了酬谢他的支持者，允许他们进入元老院。结果各类人员：百人队长、士兵、书记员以及被释奴的儿

---

① ［英］安德鲁·林托特：《罗马共和共政治》，晏绍祥译，商务印书馆 2016 年版，第 109 页。共和国时期元老院成员的资格，元老院会议的程序、时间及地点，元老院的权威等相关内容，参见本书第 102—141 页。

子，都成为了元老。

罗马共和国时期，无论是行政系统，还是元老院成员，几乎都通过选举产生，但被选举的对象大部分出身贵族，高级官吏主要从部分传统大家族产生。到了共和国末期，苏拉、凯撒等甚至不经过选举，直接任命自己的支持者进入元老院。罗马共和国时期，缺少一套比较成熟的系统化、制度化的选官准则。这种情况在屋大维创立元首制之后，也未得到较大改善。

屋大维在罗马内战中获得了最终的胜利。共和国末年的混战给罗马国家造成了严重创伤，也充分暴露了罗马共和制度的局限性。屋大维在吸取庞培、凯撒等人教训的基础上创立了元首制。其显著特点之一就是他保留了共和国时期的官职及其行政体系，同时又建立起以元首为中心的行政体系。帝国前期，两套体系同时运行，以元首为中心的官僚体系逐渐占据主导地位。共和国时期，几乎所有官吏都经过选举产生。屋大维创立元首制后，元首逐渐掌控了中央层面的用人权。与元首关系远近、疏密成为选用官吏的重要准绳。

共和国时代传下来的职官，由元老院从贵族中选出，但具体人选任用，深受元首意向的影响，甚或元首本身就担任着这样的高级官职。以朱里亚克劳狄王朝为例，奥古斯都先后 13 次担任执政官，[①] 并且从公元前 31 年到公元前 23 年

---

① *Res Gestae Divi Augusti*, with an English translation by Frederick W. Shipley, London: William Heinemann LTD; Cambridge, Massachusetts: Harvard University Press, 1961, I. 4.

连续任职；提比略在 23 年的统治中，曾 3 次出任执政官；卡里古拉在 4 年统治中则连续 4 次任职执政官；尼禄在 14 年统治中，5 次荣任执政官。除了自身担任执政官外，元首还影响甚至操控其他执政官的任选。这种操控和影响主要通过举荐实现。根据古罗马权威史家塔西佗的记述："提比略有时不说出竞选人的名字，而只是说他们的出身、生平和战事上的经历，从而使人很清楚地知道他所说的是哪个人。……他通常总是说，除了他已经把名字提交给执政官的人之外，就没有另外向他申请的人了。"① 狄奥·卡西乌斯则说，卡里古拉"在免去在职的执政官后，立即任命多米提乌斯（Domitius）为执政官"②。从弗拉维王朝维斯帕芗统治时开始，执政官之职正式由元首进行推荐。行政长官的人选原则上由元老院选举产生，不过，元首的意向和举荐影响很大。塔西佗曾记述，提比略指定了 12 位行政长官的候选人，并推荐其中的 4 人，结果一经指定，别人便不得拒绝或与之竞争了③。维莱乌斯·帕特库鲁斯及其兄弟就是典型的代表。他们是最后一批由奥古斯都举荐且第一批由提比略指定的执

① ［古罗马］塔西佗：《编年史》上册，王以铸、崔妙茵译，商务印书馆 1981 年版，第 67 页。

② Dio Cassius, *Roman History*, with an English translation by Earnest Cary, on the basis of the version of Herbert Baldwin Foster, Cambridge, Massachusetts: Harvard University Press, 1955, 59. 20.

③ ［古罗马］塔西佗：《编年史》上册，王以铸、崔妙茵译，商务印书馆 1981 年版，第 16—17 页。

政官候选人。① 就执政官、行政长官等高级官吏被推举及成功当选的对象而言，他们大多来自贵族（包括新贵阶层）。当然，无论这些人是源自罗马共和时期的传统贵族，还是新贵阶层，他们均由元首举荐，当然对元首俯首听命。

元首还逐渐掌控行省总督的人选。屋大维把罗马行省划分为元首行省和元老院行省（即人民的行省）②。从原则上讲，元首行省的总督由元首任命，元老院行省的总督则由元老院从卸任的执政官和行政长官等特定候选人中抽签选出。不过，随着权力不断集中于元首手中，元首逐渐开始干预元老院行省总督的人选。狄奥·卡西乌斯曾表示，元老院行省的总督都曾通过抽签的方式由元老院任命，后因管理不善，元首就进行干预，所有这些官员的任命权都转移到元首手中，"元首亲自起草一份与元老院行省数目相等的总督候选人名单，并让元老院从这些人中抽签选出"③。狄奥·卡西乌斯的描述很可能反映了他所生活时代（亚历山大时期）的现实状况。到了盖勒里努斯时期（公元 253 年—268 年），罗马的外部威胁更加严重，元老院行省面临着蛮族的侵扰，元首接管了元老院行省，直接任命元老

---

① Velleius Paterculus, *Compendium of Roman History*, with an English translation by Frederick W. Shipley, London: William Heinemann LTD; Cambridge, Massachusetts: Harvard University Press, 1961, II. 124.

② 生活于公元前 1 世纪至 1 世纪前半期的地理学家斯特拉波，在他的名著《地理学》最后一卷中详细阐述了罗马行省的划分情况及行省划分所遵循的原则。参见 Strabo, *Geography*, Volume 8, with an English translation by Horace Leonard Jones, Cambridge, Massachusetts: Harvard University Press, 1949, 17. 3。

③ Dio Cassius, *Roman History*, 53. 14.

院行省的总督。①

　　从奥古斯都时代起，为更有效地治理社会，元首派专人
管理罗马的城市供水、粮食供应、修筑公路等专项事务，形
成了以元首为中心的官僚体系。它包括城市执政官、近卫军
长官、粮务官和宵禁官、供水委员会、公共建筑委员会、台
伯河河岸与河床委员会等行政委员会，以及元首的秘书处。
它与罗马共和国保留下来的行政体系同时存在，并有其自身
的特点。在这个体系中，元首是中心，其中的官员从元首那
里获得权力，以元首的名义或接受元首的委托开展工作。他
们由元首自由选择，根据官衔获取薪俸，直接对元首负责；
他们的任期不再是一年一任，也不受同僚的限制。② 这个体系
中的官员、行政委员会的人员和秘书处的成员，都由元首来
决定和选用。值得注意的是，随着元首制的建立与发展，元
首私人事务逐渐增多，元首为了有效地处理事务，任用了自
己的被释奴来充当秘书。他们名义上处理元首的私人事务，
但实际上元首的私人事务与国家事务常常交织在一起，难以
分清，结果他们事实上监管了由元首指导的所有政府部门，
在国家政策制定中发挥着举足轻重的作用。随着被释奴地位
的衰微，骑士阶层逐渐取代被释奴担任秘书，到公元 2 世纪
时，秘书处的性质已发生了转变，它逐渐由克劳狄时期的家

---

① 　相关论述可以参见王振霞：《罗马帝国早期行省管理研究》，《历史教学》
　　2009 年第 22 期。

② 　王桂玲：《罗马帝国早期官职研究》，《历史教学》2013 年第 16 期。

庭部门转变为国家管理机关，不过，无论它怎样变化，其人员的选用则掌控在元首手中。

公元 3 世纪，罗马发生了所谓的"3 世纪危机"。这一时期，罗马政局混乱，行政体系难以正常运转，罗马的重要官职乃至元首的废立都操控在军队手中。戴克里先（公元 284—305 年在位）结束此前的混乱局面，建立君主制。经过戴克里先与此后君士坦丁的努力，罗马国家完成了由元首制向君主制的过渡。所有与共和制相关联的职位和机构，如执政官、行政长官和保民官等都成了荣誉称号，元老院也逐渐与宫廷和实际的行政机构失去联系，成为帝国的"点缀"。君主和以君主为首的官僚机构集中了全部权力，而君主则成为最高主宰，他个人随意处理内政和军队事务。

罗马国家，自共和至帝国时期，并未像秦汉王朝那样形成一套体系化、制度化的选官规则和机制，这显然不利于他们保持一支高水平的官僚队伍，以更有效地治理国家。

②罗马国家官吏考核

罗马国家缺乏严格意义上的对官吏考核的制度。在共和国时期，监察官和元老院在一定程度上担负着对官吏考核的任务。

罗马共和国时期的监察官，有多项重要职责。其中一项为每五年要重新确定元老名单，把那些不合适的，或不再适宜在当前位置上的元老，剔除出元老的名单。凯撒在任高卢总督期间，每年都会以报告的形式向元老院汇报自己在高卢的活动，这些报告成为后来《高卢战记》的基本内容①。尽管凯撒向元老院的报告有为自己进行政治宣传的因素，但它也在一定程度上反映了共和时期罗马元老院对官员的监督作用。

罗马帝国早期，元首和元老院共同行使国家立法、司法、行政及经济的各项大权，两者也具有对官员的监督职能。元首对官员的监督首先体现在元首的亲自巡察上。奥古斯都曾经多次巡察行省。苏维托尼乌斯在他的《罗马十二帝王传》中提到，奥古斯都访问过除了阿非里加、撒丁尼亚之外的所有行省②。他于公元前30年至前29年巡察高卢行省；公元前27年至前25年巡察西班牙行省；公元前25年至前23年前往莱茵河、多瑙河沿线行省巡视；公元前20年至前19年，又巡视西西里、小亚细亚、叙利亚和希腊等行省和地区。公元前13年，他再次巡察高卢和西班牙行省；公元前8年，巡视日耳曼行省③。哈德良元首执政时，也进行了卓有成效的巡视。119年，他巡视日耳曼边境，122年巡视不列颠行省，128年巡视小亚细亚地区。在巡视过程中，除了关注边防状况外，还检核行省政府的工作，查处滥用职权的总督和特使，审理重要案件④。

---

① ［古罗马］凯撒：《高卢战记》，任炳湘译，商务印书馆1982年版，第8—9页。
② ［古罗马］苏维托尼乌斯：《罗马十二帝王传》，张竹明、王乃新、蒋平译，商务印书馆2000年版，第77页。
③ 李大维：《公元1—2世纪罗马帝国的巡察机制》，《安徽史学》2017年第5期。
④ 李大维：《公元1—2世纪罗马帝国的巡察机制》，《安徽史学》2017年第5期。

除元首亲自巡视行省外，元首也会委任特使（代理人），执行巡视任务，发挥监督作用。奥古斯都时期，代理人主要从依附于他的自由民中选任。公元 1 世纪中叶之后，元首的代理人则主要从骑士阶层中选拔。他们也由元首的私人代表逐渐转变为罗马国家职官体系的一部分。在帝国后期，在罗马国家的官僚体系不断扩大、完善的情况下，特使（代理人）依然是君主监督官员、进行帝国治理的不可或缺的依靠力量①。他们代表元首或君主，负责赋税征收、地方贵族以及包税人的征税活动。其职权以监督行省财政收支为主，兼具审理经济案件的司法权，对于维护元首的财政权，促进社会经济发展有重要作用。由于特使（代理人）与行省总督无隶属关系，因此，在一定程度上可以约束总督的权力，监督防范其滥用职权。"特使（代理人）作为元首亲自委派至行省的心腹，是元首收集行省信息的重要渠道，他们的作用比任何人都重要，包括在罗马的高级官吏。"②

罗马帝国后期，经过戴克里先和君士坦丁的改革与努力，罗马建立起了比较庞大的官僚体系。蒙森评价称："元首政治完全建立在元首个人统治的基础上；在君主制时期，官僚机构

① Christopher Kelly, *Ruling the Later Roman Empire*, pp.190-191.

② Alan K. Bowman, Edward Champlin, Andrew Lintot, *The Cambridge Ancient History*, Vol. X, Cambridge: Cambridge University Press, 2008, pp. 202-203. 李大维：《公元 1—2 世纪罗马帝国的巡察机制》，《安徽史学》2017 年第 5 期。关于特使（代理人）在罗马帝国晚期的重要作用，参见 Christopher Kelly（*Ruling the Later Roman Empire*, pp.190-191）的论述。

系统地分担了以前由元首处理的国家事务，使之能在没有皇帝参与的情况下都能得到妥善地解决。"① 吉本也评价说："戴克里先把帝国、行省、一切行政和军事的分支机构全都分割成小块儿。他在政府这架大机器下面增添了更多的轮子（官僚），以使它运行的速度减慢，却更为保险。"② 但由于缺乏有效的监督机制，也产生了负面影响。"官僚机构的权力非常大，不受国家基本成员所实行的任何监督，从而变得腐化和庸劣无能，这表现为官僚和皇帝之间的相互欺诈，买官和卖官盛行，以及经济腐败、军队腐败和司法腐败等。"③ 罗马帝国晚期的君主们也试图改变这种状况，不过，在日益严峻和动荡不安的局势中，"贿赂公行，非法渔夺习以为常，企图采取一大套暗中侦查的办法和官员彼此互相监督的制度来制止这些现象，均属徒劳无益。每一次增加官吏的名额，每一次扩大监督人员的队伍，其结果都只是增添了靠贿赂贪污为生的人数。"④ 官员贪污受贿越来越普遍，君主们再任用秘密稽查史、秘书或公证员作特派员（Special Agent），来监督这些官吏，"行迹尤为恶劣的是那成千上万的秘密警察，即所谓政治警察，其前身为稽查队，他们的

---

① Theodor Mommsen, *A History of Rome under the Emperor*, translated by Clare Krojzl, London, New York: Routledge, 1996, p. 400.

② ［英］爱德华·吉本：《罗马帝国衰亡史》上册，黄宜思、黄语石译，商务印书馆 2004 年版，第 215 页。

③ 王振霞：《晚期罗马帝国的集权体制和吏制腐败》，《齐鲁学刊》2012 年第 3 期。

④ ［美］M. 罗斯托夫采夫：《罗马帝国社会经济史》，马雍、厉以宁译，商务印书馆 2005 年版，第 698—699 页。

职务是监视人民和帝国的全体官吏。"① 他们在执行任务时，不会放过每个敲诈的机会。于是"罗马国家变成了一架庞大的复杂机器，专门用来榨取臣民的膏血，捐税、国家徭役和各种代役租使人民大众日益陷入穷困的深渊；地方官、收税官以及兵士的勒索，更使压迫加重到使人不能忍受的地步。"② 国家权力机构的这种跌落也是罗马帝国衰亡的一个重要原因。

纵观罗马国家官职的发展过程，其并未形成系统完善的、制度化的对官员的考核和有效监督体系，这也是导致罗马帝国后期吏制腐败的原因之一，成为罗马国家衰亡的重要因素。

罗马共和国时期，官员由选举产生，任期短，队伍小。元首制时期，罗马国家的中央管理机构规模依然不大，即便到了罗马君主制时期，官僚系统已经比较成熟，总体而言不过三四万人。秦汉时期的官僚系统，据典籍记载达 12 余万人，尽管我们不能以官僚队伍规模大小定优劣，但它在一定程度上反映出官僚系统的复杂性、精密性和系统性。

秦汉王朝这样庞大的官僚系统的正常运转，需要有稳定规模的官僚队伍，需要不断补充新生力量。它们采用"自上而下"与"自下而上"相结合的方法，主要通过察举、征辟、考试等方式，辅以其他途径，选拔人才，以维持较高素质的官僚

---

① ［美］M. 罗斯托夫采夫：《罗马帝国社会经济史》，马雍、厉以宁译，商务印书馆 2005 年版，第 699 页。
② 《马克思恩格斯选集》第 4 卷，人民出版社 2012 年版，第 165 页。

队伍。其显著特点是，选人规则化、制度化，被选人员需要经过考试和系统训练。而罗马国家则相对缺乏明确的选人制度。无论是元老的选择，还是骑士的提拔，以及其他职位官员的补充，缺少系统的规则和评价体系。

官僚体系能否顺畅运行，能否有效发挥作用，与是否存在对官员的监督和考核机制密切相关。秦汉王朝，无论是地方官员还是中央官员，都要接受监督与考核，它们有专门负责监督与考核官员的机构，有明确、细致的对官员的监督与考核机制。而罗马国家，在共和国时期、帝国元首制和君主制时期，虽然也有监督人员，但缺乏一套行之有效的考核与监督机制。

3. 秦汉王朝与罗马帝国的继承制度

秦汉王朝皇位父死子继，尤其是西汉王朝确立的嫡长子皇位继承的皇太子制度，在历史上影响深远。在这种制度下，尽管也会出现因争夺王位而发生的冲突和斗争，但总体而言能够保证权力比较平稳地交接和过渡，有利于社会的稳定发展。罗马共和时期官员经选举产生（独裁官除外），不存在继承的问题。罗马帝国早期，不可否认，元首制为罗马带来了长期的和平、稳定与繁荣，但它显然没有解决好元首之位的继承问题。1 世纪中后期出现了多名元首并存的局面，而到了 3 世纪，元首更换尤为频繁，社会陷入危机之中。尽管产生这种状况是多种因素综合作用的结果，但元首制未能解决好继承问题是重要原因。

（1）秦汉的皇位继承制度

皇位继承制度是汉王朝一项非常重要的政治制度。它既关涉皇朝政权的平稳交接与过渡，也事关社会稳定大局。

在封建专制时代，皇太子是国家的储君，皇帝的继承人。为了保障皇位一姓继承，同时也为避免同姓争夺皇位，稳定皇权，秦汉时代逐渐确立了嫡长子继承制度。在这样的继承规则前提下，如果无嫡长子，其他诸子始能继承。

嫡长子继承皇位制度的确立有一个过程。秦始皇建立了专制主义的皇权，宣布"朕为始皇帝，后世以计数，二世三世至于万世，传之无穷"①，但并未预立太子。这在一定程度上导致秦"不早定扶苏，令赵高得以诈立胡亥，自使灭祀"②。汉代吸取秦朝教训，确立了皇太子制度。汉高祖刘邦在尚未当皇帝之前，于汉王二年就立刘盈为太子，并"令太子守栎阳，诸侯子在关中者皆集栎阳为卫"③。这是防止争夺王位的举措。后来，刘邦宠爱赵王如意之母戚夫人，欲废太子刘盈，改立如意为太子，叔孙通谏曰："昔者晋献公以骊姬之故废太子，立奚齐，晋国乱者数十年，为天下笑。秦以不早定扶苏，胡亥诈立，自使灭祀，此陛下之所亲见。今太子仁孝，天下皆闻之；吕后与陛下攻苦食啖，其可背哉！陛下必欲废嫡而立少，臣愿先伏诛，以颈血污地。"高帝曰："公罢矣，吾直戏耳。"叔

① 司马迁：《史记》卷六，中华书局 2011 年版，第 236 页。
② 司马迁：《汉书》卷九十九，中华书局 2011 年版，第 2725 页。
③ 司马迁：《史记》卷八，中华书局 2011 年版，第 372 页。

孙通曰："太子天下之本，本一摇，天下振动，奈何以天下为戏！"高帝曰："吾听公言。""及上置酒，见留侯所招客从太子入见，上乃无易太子志矣。"①自汉高祖开始，每一皇帝即位后，除特殊情况外，都须预立太子，以重宗庙。这一项制度逐渐固定下来。

汉代立太子的基本原则为："立嫡以长不以贤，立子以贵不以长"。立太子的仪式十分隆重，凡立太子时，要召集百官朝会，皇帝亲临，由御史大夫宣读预立太子之策，中常侍给太子授玺，被立为太子者，则须再拜三稽首，然后由三公上殿，敬贺万岁。最后由皇帝宣布大赦天下，赐吏民之爵。太子既立，不轻易更动，上段中，叔孙通的言论就是很好的证明。

太子立后，均要专门配备一批官员，负责教习训练太子。"凡三王教世子，必以礼乐……立太傅少傅以养之，欲其知父子君臣之道也……师也者，教之以事而论诸道德者也。保也者，慎其身以辅翼之而归诸道者也。秦汉以下，始加置詹事、中庶子及诸府寺等官，亦有以他官而监护者。"②太子的任务，主要是修身养性，学习治国理民之道，为继承皇位做准备，一般不直接干预政务。在位皇帝驾崩后，由太子即帝位。

---

① 司马迁：《史记》卷九十九，中华书局 2011 年版，第 2725 页。
② 杜佑：《通典》，王文锦等点校，卷三十职官十二，中华书局 2011 年版，第 812 页。

太子制在中国历史上影响深远，发挥着重要作用。太子制从汉代建立后，直至清代雍正年间创立秘密建储制度① 为止，延续达两千多年之久。在这个过程中，太子制度虽偶有波折②，但并未发生实质性变化。在中国政治制度史上，太子制度一直是产生和培养皇帝继承人的基本制度，它的重要作用之一，是比较有效地保证了皇权的平稳交接和过渡，维护了社会的稳定和持续发展。

（2）罗马的继承问题

古罗马共和国时期，几乎所有官员都通过选举产生。在罗马共和国时期的中央行政体系中，执政官和独裁官占有重要地位。不过，独裁官是罗马在非常时期所设立的特殊官职，非常任官职。它的任期较短，仅有 6 个月。6 个月任期满后，独裁官要交出权力。执政官是罗马共和国的最高行政长官。每年由百人队大会选举产生两名执政官，任期一年，不能连任。无论

① 所谓秘密建储制度，就是在皇帝在位时，从诸子中秘密选定继承人。选择继承人时，皇帝不与他人商议，而是根据自己对诸皇子的了解确定。被选择对象不分嫡庶长幼，唯以才能品行为据。皇帝确定继承人后，亲写密旨两份，一份存于乾清宫"正大光明"匾之后；另一份随身携带，秘而不宣，任何人不得打听议论。如果皇帝发现用人不当，则会更换密旨。皇帝死后，取密旨对照无误，即宣布新帝即位。秘密建储制度，是我国历史上皇位继承制度的重大改革。关于秘密建储制度的详情，参见朱诚如主编：《中国皇帝制度》，武汉出版社 1997 年版，第 337—348 页；郭松义、李新达、杨珍：《中国政治制度通史》第十卷《清代》，人民出版社 1996 年版，第 37—40 页。

② 见刘文瑞：《中国古代政治制度·皇帝制度与中央政府》，中国书籍出版社 2018 年版，第 122—123 页。

是独裁官，还是执政官，任期原则在共和国末年常常被突破。马略就曾前后七次担任执政官。苏拉迫使公民大会选举自己为无限期的独裁官。在共和国时期，不涉及最高行政权力的继承问题。不过，在共和国末期，最高行政权力的交接、平稳过渡，成为难以妥善解决的问题。这一时期不断发生的内战，让国家陷入了混乱状态。罗马共和国原有的政治模式，无法彻底改变这种状况。

屋大维开创元首制，改变了共和国末期的混乱局面，但在元首制下，没有明确的、规范化的继承制度。新的统治模式并没有很好地解决元首的继承问题，未能处理好最高权力的交接与过渡问题。

缺少男性子嗣、后继乏人，是罗马多位元首面临的困境。不过，智慧的罗马人用养子制度解决了这个问题。元首制的创建者、朱里亚克劳狄王朝的开创者奥古斯都把元首之位传给了他的继子提比略。[①] 公元 37 年，提比略离世，他的养子日耳曼尼库斯的幼子盖约·凯撒被定为继承人。[②] 安敦尼王朝时期，涅尔瓦去世后，他的养子图拉真继元首之位。[③] 公元 117 年图

① ［古罗马］苏维托尼乌斯：《罗马十二帝王传》，张竹明、王乃新、蒋平译，商务印书馆 2000 年版，第 110、122 页；塞克斯图·奥里略·维克多：《罗马帝王简史》2，见杨共乐等：《古代罗马文明》，北京师范大学出版社 2018 年版，第 592 页。

② ［古罗马］苏维托尼乌斯：《罗马十二帝王传》，张竹明、王乃新、蒋平译，商务印书馆 2000 年版，第 152、159 页。

③ 参见杨共乐等：《古代罗马文明》，北京师范大学出版社 2018 年版，第 602 页。

拉真在班师途中去世，其养子哈德良继位。公元 138 年，哈德良病逝，继位的则是他的养子安敦尼。① 公元 161 年，安敦尼去世，传位于他的养子马尔库斯·奥理略和维鲁斯。罗马帝国时期的多位元首都通过收养继子的方法，解决了元首之位后继乏人的问题。不过，元首继承问题并没有得到根本解决。缺乏明确的继承规则和制度，元首继承人的不确定性，是导致罗马帝国前期两次混乱的重要原因之一。

公元 68 年，尼禄自杀，并没有确定元首的继承人。近西班牙总督伽尔巴被他所辖军团及罗马的近卫军团拥立为元首，但最后为近卫军所杀。② 近卫军拥立奥托为元首。不过，仅三个月之后，奥托与莱茵军团作战兵败自杀。③ 莱茵军团的领袖维特里乌斯被举为元首。此后，多瑙河军团和东方军团相继宣布弗拉维乌斯·维斯帕芗为元首。公元 69 年 12 月，维特里乌斯被杀，④ 元老院在维斯帕芗不在场的情况下，承认他为罗马元首。"四帝争立"的混乱局面，与军队在罗马政治生活中作用的增加密不可分，但元首制下缺乏明确的继承规则和制度，显然也是造成混乱局面的重要因素。这种状况在塞维鲁王朝及此

---

① 参见杨共乐等：《古代罗马文明》，北京师范大学出版社 2018 年版，第604 页。

② ［古罗马］苏维托尼乌斯：《罗马十二帝王传》，张竹明、王乃新、蒋平译，商务印书馆 2000 年版，第 277 页。

③ 参见杨共乐等：《古代罗马文明》，北京师范大学出版社 2018 年版，第596 页。

④ 参见杨共乐等：《古代罗马文明》，北京师范大学出版社 2018 年版，第596 页。

后的长时段的混乱时期表现得尤为明显。元首之位很难实现正常的交接与过渡。

公元 192 年，安敦尼王朝最后一位元首康茂德被杀。[1] 此后两年内出现了普布里乌斯·赫尔维乌斯·佩底纳克斯、老提提乌斯·朱利亚努斯、奈格尔和塞维鲁等四位元首。塞维鲁王朝的元首中，除了塞维鲁自己比较平稳地把元首位传给他的儿子卡拉卡拉外，其余元首皆未能正常地传续元首之位。从公元 235 年塞维鲁王朝结束到公元 284 年之间，罗马一直处于混乱状态。坎贝尔（Cambell）把这一时期与元首制前期做了对比：公元前 31 年至公元 235 年，仅仅有 27 位元首；在公元 235 年至 284 年，至少有 22 位元首[2]。公元 238 年，马克西米努斯被杀，接着行省和意大利分别拥立了 4 位元首，但不久都被士兵杀死。公元 253 年至公元 268 年，罗马内战迭起，帝国四分五裂，大多数行省的总督都纷纷独立，除了瓦勒里安和盖勒里努斯算是合法元首之外，各地割据篡权的先后超过 30 人，史称"三十僭主"时代。从元首更迭的原因看，军队成为悬在元首头上的"达摩克利斯之剑"，它随时随地都可能落下，威胁到元首的生命，从而进一步威胁到帝国的稳定。但从另一方面来看，元首频繁更迭，集中暴露了元首继承体制的弊端。

---

[1]　参见杨共乐等：《古代罗马文明》，北京师范大学出版社 2018 年版，第 607 页。

[2]　Alan K. Bowman, Peter Garnsey, Averil Cameron, *The Cambridge Ancient History*, second edition, Volume XII, Cambridge: Cambridge University Press, 2005, p. 110.

罗斯托夫采夫在《罗马帝国社会经济史》中称 3 世纪为军事混乱时期①。这一时期的混乱，深刻反映出帝国面临的许多问题，其中之一便是元首之位的继承问题。为解决这一问题，罗马人进行了探索。公元 253 年至 260 年瓦勒里安和盖勒里努斯父子实行共治，元首之子作为凯撒或奥古斯都成为共治者。它的一个重要的合理性在于，指定元首的继承人。不过，这样的尝试和探索依然无法奏效。

戴克里先创建了罗马的君主制。他使长期处于内乱状态的帝国恢复了 20 多年的稳定。戴克里先建立"四帝共治制"，其目的之一就是让君主继承有序。但在戴克里先退位之后，他的继承者之间发生了持续 18 年的战争。②公元 323 年君士坦丁击败李锡尼乌斯，成为罗马世界唯一的统治者。在位期间，他吸取 305 年以后的教训，废除戴克里先"四帝共治制"，即"四帝异姓治理模式"，实行同姓家族成员的分封治理模式，加强对帝国的控制和领导。但是，公元 337 年，君士坦丁去世后，他的"家族分封治理模式"也随之破产。他的三个儿子和两个侄儿之间马上就展开了争夺帝国最高统治权的斗争。③由于继承体制上的缺陷，在君士坦丁之后，罗马帝国再次陷入混乱和

---

① ［美］M.罗斯托夫采夫：《罗马帝国社会经济史》，马雍、厉以宁译，商务印书馆 2009 年版，第 600、707 页。

② 参见杨共乐等：《古代罗马文明》，北京师范大学出版社 2018 年版，第 616—618 页。

③ 参见杨共乐等：《古代罗马文明》，北京师范大学出版社 2018 年版，第 618—622 页。

分裂状态。

公元 363 年，君主朱里安在与波斯人作战时阵亡，而他的继位者约维安几乎在当选之后就去世了。罗马在短时间内先后有两位君主去世，并没有留下明确的继承人。当时埃奎提乌斯和雅努利乌斯都有部分人举荐他们作君主，但也都遭到了另外一些人的反对。最终军队拥立瓦伦提尼安为君主，后者又任命自己的弟弟瓦伦斯（公元 364 年继位，公元 378 年去世）担任共治的君主。显然，在君主之位继承方面，罗马人没有制度化的规则，以至于鲁滨逊评论说："当时选举皇帝和增加皇帝的方法实在很不正式。"①

在罗马帝国最后一段时期，君主的废立、君主之位的继承问题完全操控在掌握兵权的军事长官手中。从公元 455 年瓦伦提尼安三世死后，罗马帝国西部先后或同时出现过阿维图斯、马约里安、塞维鲁、安提米乌斯、奥利布利乌斯、格利谢利乌斯、奈波斯以及罗马西部最后一位君主罗慕路斯·奥古斯都鲁斯，从这些君主的即位几乎看不到继承的规则和制度，如果有规则的话，那就是几乎完全为军事长官所掌握。

罗马共和国末期，最高行政权力的交接、传递与过渡陷入困境。而自奥古斯都开创元首制，到戴克里先建立君主制，直至罗马帝国西部最后一位君主罗慕路斯被废除，罗马人虽然进行过努力尝试，但始终没有解决好元首、君主之位的继承问

① ［美］詹姆斯·哈威·鲁滨逊：《新史学》，齐思和等译，商务印书馆 2011 年版，第 134 页。

题，他们缺少明确的规则和制度。罗马共和国末期国内的混战，元首制早期尼禄之后出现的"四帝争立"的状况，三世纪时的长期混乱，君主制时期对最高权力的争夺及君主的频繁废立，都和罗马的权力继承问题紧密相关。可以说，罗马国家没有解决好权力的过渡与继承问题，是导致罗马历史上发生混乱，甚至罗马帝国西部最终陷入分裂的不可忽视的重要因素。

4. 秦汉王朝与罗马国家的主流意识形态

秦汉王朝和罗马国家在发展的过程中各有自己的主流意识形态或主导的治国思想，这种主流意识形态或主导的治国思想也有各自的发展过程，但两者呈现出不同的特点。秦汉王朝居于主导地位的治国思想，经历了由秦王朝时期的法家，到汉初的道家（黄老思想），再到汉武帝时期的"儒家"及实质上的"尚法尊儒"的变化，这种以"儒法合流"、"儒法共治"为特征的主流意识形态在此后的发展中一直处于主导地位。罗马国家以传统的多神信仰为主流意识形态或主导性的治国思想，但在罗马帝国后期，基督教取得"国教"的地位，而罗马人传统的多神信仰却成为了异端，甚至遭到禁止，罗马人丧失了主流意识形态。秦汉王朝和罗马国家在主流意识形态或主导治国思想方面的不同特点，对各自的历史发展产生了重大影响。

（1）秦汉王朝的主流意识形态

秦汉时代治理国家的主导思想有一个变化过程。以韩非为代表的法家，主张君主要执术，乘势而治国，其思想因适应政治统一的要求而在战国时期特别在秦国受到欢迎，得以贯彻。

秦始皇按法家的主张在兼并战争中取得了最终胜利，统一六国。因此，法家学说成为秦统一后治理国家的主导思想。不过，秦用法家学说治国，对农民压迫过重，导致秦末农民大起义，这也让秦王朝仅存十五年而亡。法家思想在秦王朝灭亡过程中暴露了严重弱点。法家代表性人物韩非认为君主只要用"杀戮"和"庆赏""二柄"就可以维持自己的统治，李斯进一步认为甚至"庆赏"也不需要，只用"刑罚"就够了。

　　西汉初期的统治者及其思想家反思秦迅速而亡的教训，认为法家的严刑峻法逐渐激化了统治者与被统治者之间的矛盾，无法带来统治秩序的长治久安。于是，他们纠正秦王朝在法家思想指导下对农民剥削过重、干涉过多的行为，确立以道家无为而治思想为治国的指导思想。他们在"清静无为"、使民"自正"、"自富"、"自朴"的"黄老"思想的指导下，采取轻徭薄赋、休养生息的政策。到汉武帝时期，社会生产有了很大的恢复和发展，人民创造的财富使汉武帝有力量彻底削平地方割据势力，反击匈奴的掳掠。汉初以来受到统治者崇尚的"黄、老"思想，已不适合时代和历史的要求，势必遭到罢黜。

　　汉初的统治者尽管尊奉"黄老无为"的治国思想，但也不排斥其他各家思想。西汉王朝在客观政治需要和统治阶级"本以霸王道杂之"的指导思想影响下，儒法两家开始合流，不仅儒法开始合流，先秦百家也都在走向交融与合流。① 董

----

① 班固：《汉书》卷九，中华书局 2011 年版，第 277 页；韩星：《儒法整合：秦汉政治文化论》，中国社会科学出版社 2005 年版，第 237、247—248 页。

仲舒在给汉武帝的《对策》中说:"春秋大一统者,天地之常经,古今之通谊(义)也。今师异道,人异论,百家殊方,指意不同,是以上亡以持一统;法制数变,下不知所守。臣愚以为不在六艺之科孔子之术者,皆绝其道,勿使并进。邪辟之说灭息,然后统纪可一而法度可明,民知所从矣。"①汉武帝采纳了董仲舒的建议,这即为历史上著名的"罢黜百家,独尊儒术"。其中所言的"儒术"和先秦的儒家思想已经大不相同,是融儒法为一体、兼采众家之长的新型的"儒家思想"。汉武帝"独尊儒术"所"尊"的也正是这样的"儒家思想"。②

这种以"儒法合流"、"儒法共治"为特征的思想在当时取得了官方的正统地位,成为主导性的治国思想,是当时主流的意识形态。总体而言,自秦汉以降的中国古代社会中,这一主导思想或主流意识形态,虽多次受到外来文化和思想的冲击与挑战,但它未曾中断,反而不断得到充实、改进,一直被统治者用来支撑集权统治,成为维系2000多年中国古代社会稳定和阶段性繁荣的重要因素,也是维持中国历史连续发展不中断的重要支撑力量。

罗马国家也有治国的主导思想、主流意识形态,也存在一个变迁的过程。但与中国不同的是,罗马国家在发展过程

① 班固:《汉书》卷五十六,中华书局2011年版,第2523页;韩星:《儒法整合:秦汉政治文化论》,中国社会科学出版社2005年版,第187页。
② 杨共乐:《早期罗马宗教传统的特点》,《河北学刊》2008年第2期。

中，固有的或传统的主流意识形态完全丧失，发生了根本性断裂，这成为"西罗马帝国"灭亡甚至西方古典文化终结的重要原因。

（2）罗马国家的主流意识形态

罗马是一个开放、包容的国家。罗马在从台伯河畔的小村庄成长为大帝国的过程中，不断吸收和利用外来（周边、希腊、东方）文化的优秀成果。但罗马传统的多神信仰，在基督教取得合法地位、成为国教之前，一直在罗马国家中居于主导地位，是当时的主流意识形态，在罗马国家的政治和人民的生活中发挥着十分重要的作用。

罗马人敬重神灵，墨守礼仪，以敬神束缚民众，以礼仪统一思想。罗马人信赖神灵，坚信"众神是万物之主、万物之统治者，世上的一切都是由他们的意志和权威所决定的；众神同样是人的伟大恩人，他们观察每一个人的性格，做过什么，犯有什么罪过，带着什么样的目的和态度完成他的宗教义务；众神注视着那些虔诚与不虔诚者"①。早在王政时期，罗马历史上的第二位王努玛，就开始有意识地用宗教来规范罗马民众的行为。他亲自指定和指导献祭、宗教游行与宗教舞蹈；他用神祇和奇幻的声音来抑制与缓解罗马人的心情；他建立了一系列分工明显的教阶制度，使罗马人的祭祀工作有序进展；当祭司们庄严列队行进时，他让大家停止劳作，专注于敬事神明的仪

---

① ［古罗马］西塞罗：《论法律》，王焕生译，上海人民出版社 2006 年版，第 7 页。

式。普鲁塔克认为："经过宗教事务方面的训练和教育，罗马城变得相当温顺，对努玛的权威充满敬畏。罗马人全盘接受他编造的那些荒诞离奇的故事，并认为他要他们相信或去做的事，都是值得信赖或者是能够办到的。"① 此后，罗马人皆心怀虔诚，忠诚和誓言主宰了公民。②

我们从西塞罗的作品中能够看到宗教法敬神方面的严格规定：

> 人们应圣洁地奉祭众神，持虔诚之心，避免奢侈。若有人违背这一原则，神将亲自惩罚于他。
>
> 任何人不得另奉神明，无论是新的或外来的神，国家承认的除外。人们要用私人仪式崇拜由其祖先留传下来的神。
>
> 城里应建神殿；乡村应为家神建立圣林和拉斯神祭坛。
>
> 应遵行家族和祖先的礼仪。
>
> 敬奉所有常居天庭的神明，敬奉其他的由于功绩卓著而升居天庭者……敬奉一切能使人高升天庭的德操——灵智，勇敢，虔敬，诚信；人们应建造庙宇彰扬它们，但不为任何罪行举行颂扬仪式。③

---

① [古希腊] 普鲁塔克：《希腊罗马名人传》上册，黄宏煦、陆永庭、吴彭译，商务印书馆 1990 年版，第 15 页。

② 杨共乐：《早期罗马宗教传统的特点》，《河北学刊》2008 年第 2 期。

③ [古罗马] 西塞罗：《论法律》，王焕生译，上海人民出版社 2006 年版，第 8 页。

　　罗马人这种对神的敬畏和严肃的态度，构成了罗马民族性的重要内涵。

　　罗马的先祖创造了自身的神明，创造了神的绝对权力，同时也创造了对神的崇拜与服从。服从"神"、敬畏神，是罗马公民私人性格和政治生活的重要组成部分。它在相当大程度上保证了罗马公民和国家、法律、命令的高度统一，保证了罗马公民行为上的高度一致。波利比乌斯说："我认为，在其他民族中颇受非难的那种现象——我指的是宗教，它维系着罗马国家的统一。这类事务会被严肃对待，它们广泛渗透于公共事务及私人生活之中，以至没有什么比这更重要的事了。"[①] 罗马人把神的威严视作力量以及实力的源泉，并扎根于罗马精神之中，成为罗马民族不可或缺的组成部分，在罗马历史的发展中起着无法替代的作用。[②]

　　罗马对外族宗教持包容态度，在信仰上坚持多元原则。他们敬仰民族神明，宽容外邦神灵。他们几乎将所有神灵都请入罗马，将其供奉在神殿里，但又不把罗马的神强加于人，不强迫异族按罗马人的形式信奉罗马的神明。罗马人保留自己的保护神，努力增加异族之神的数目，并使其成为维护罗马社会发展及其稳定的一支重要力量。[③]

　　当然，罗马人传统的多神信仰有其秩序，对外神的宽容

---

① Polybius, *The Histories*, VI. 56.

② 杨共乐:《早期罗马宗教传统的特点》,《河北学刊》2008 年第 2 期。

③ 杨共乐:《早期罗马宗教传统的特点》,《河北学刊》2008 年第 2 期。

有其原则，新的外神从未渗透到罗马旧有宗教的核心，后者一直保持着主导地位。罗马利用自己的传统宗教担起组织和管理社会的重任，维护并巩固公民间的团结，塑造和培育自身的民族精神；同时，罗马又利用吸纳外族宗教的方式，密切罗马与其他民族之间的关系，使所有不同的神、仪式、典礼或传统彼此相容，和平相处。① 它成为罗马人成就地中海霸业的重要因素。

不过，这种状况在基督教产生与发展之后发生了变化。早期基督教产生于罗马帝国统治下的巴勒斯坦地区，后来逐渐向帝国各地发展。基督教产生之初，罗马人以为它是犹太教的一支而对它予以保护，但教徒经常性的秘密集会以及对罗马神灵的拒斥态度，显然是帝国政府所不允许的。克劳狄元首时期，在罗马就出现了将基督徒逐出罗马的事件。② 尼禄在罗马城迫害过基督徒。③ 图拉真在给小普林尼的信中，也主张对拒绝供

① 杨共乐：《早期罗马宗教传统的特点》，《河北学刊》2008 年第 2 期。
② ［古罗马］苏维托尼乌斯：《罗马十二帝王传》，张竹明、王乃新、蒋平等译，商务印书馆 2000 年版，第 209 页；Suetonius, *The Lives of Caesars, II, The Deified Claudius*, with an English translation by J. C. Rolfe, Cambridge, Massachusetts: Harvard University Press, 1959, 25。
③ ［古罗马］苏维托尼乌斯：《罗马十二帝王传》，张竹明、王乃新、蒋平等译，商务印书馆 2000 年版，第 232 页；Suetonius, *The Lives of Caesars, II, Nero*, 26。［古罗马］塔西佗：《编年史》上册，王以铸、崔妙茵译，商务印书馆 1981 年版，第 541—542 页；Tacitus, *Annals, IV, with an English translation by John Jackson*, Cambridge Massachusetts: Harvard University Press, 1937, XV, 44。

奉罗马众神的那些人予以惩罚。①马尔库斯·奥理略对基督徒实行较为严厉的政策。在公元 2 世纪末至 3 世纪中叶的混乱时期，基督教得到快速发展，甚至就连康茂德的妻子、卡拉卡拉元首的养母都成为了基督徒。到公元 250 年，仅罗马教会就发展至 154 名神职人员。②

公元 249 年之后，元首德西乌斯、瓦勒利阿努斯，君主戴克里先都对基督教采取严厉镇压的措施。瓦勒利阿努斯希望用古老的神祇来统一国民的思想，以复兴罗马的繁荣和强大。戴克里先强化罗马传统的多神崇拜，以加强自身的统治。但他们的政策先后以失败而告终，并且导致基督教信徒迅速增加。到公元 4 世纪初期，帝国境内信奉基督教的人数就已经达到 600 万，教会的数目也由公元 98 年的 42 个增加至公元 325 年的 550 个。③

面对基督教势力的迅速发展，罗马统治者的政策发生了很大变化，即由镇压基督徒转向利用基督徒。公元 313 年，君士坦丁和李锡尼乌斯在米兰发表了著名的《米兰敕令》。敕令规定："凡愿按基督徒方式信仰者应自由无条件地保留其信仰，不受任何干预和干扰"；凡已由政府或其他私人购得的基督徒集会场所，"均应将其归还给基督徒，不得索取付款或任何补

---

①　Pliny, *Letters*, with an English translation by Betty Radice, Cambridge, Massachusetts: Harvard University Press, 1969, X. XCVII.

②　杨共乐：《罗马史纲要》，商务印书馆 2007 年版，第 263 页。

③　杨共乐：《罗马史纲要》，商务印书馆 2007 年版，第 263—265 页。

偿，不得有任何形式的欺骗或作弊"；对于教会所有的财产，应"立即无误地归还给基督徒，即还给他们的组织和集体"。①《米兰敕令》表明基督教在其诞生 300 年后，终于取得了合法地位，基督教和罗马的国教一样享有同等的自由。而君士坦丁也成为罗马君主中第一个接受基督教洗礼的基督徒。②

君士坦丁的基督教政策改变了罗马长期实行的宗教政策，在某种程度上也改变了罗马历史发展的方向。公元 375 年，罗马帝国君主正式宣布：禁止向古代神祇献祭，君主也不再担任罗马神庙的最高祭司，即"大祭司长"。379 年狄奥多西一世上台，他禁止"异教"崇拜。392 年，狄奥多西一世正式宣布基督教为罗马帝国的国教。基督教在罗马确立了一统天下的地位。③ 罗马的传统宗教、多神信仰，成为了异教信仰。罗马的古代文化日益为基督教文化所取代。罗马国家固有的主流意识形态丧失了。基督教发展的结果不但改变了罗马帝国境内人的精神状况，而且也支配了人的生活方式，以至整个帝国、整个民族的生活方式。

罗马主导思想的根本转变给罗马国家带来了严重后果，是罗马国家衰落的重要因素。关于这一点，5 世纪的罗马史家佐西莫斯在《罗马新史》中表达了自己的看法。他认为，基督教

---

① Eusebius, *The Ecclesiastical History*, II, with an English translation by J. E. L. Oulton, Cambridge, Massachusetts: Harvard University Press, 1932, X. V—VII.

② 杨共乐：《罗马史纲要》，商务印书馆 2007 年版，第 264、266 页。

③ 杨共乐：《罗马史刚要》，商务印书馆 2007 年版，第 269 页。

取代传统祭祀是令国家走向衰败的重要原因之一。① 著名史家吉本在其名著《罗马帝国衰亡史》中分析罗马帝国衰亡原因时，强调基督教在帝国内的不断发展，是最终使西部帝国遭受灭顶之灾的重要原因。② 在帝国西部，罗马人的政权不复存在，古代辉煌的历史中断，历史进入所谓的"黑暗时代"。从罗马历史发展来看，两位史家的论述有其合理性。罗马国家的衰亡，帝国西部陷入分裂与混乱，与罗马国家主流意识形态丧失自身主导地位、让位于基督教有着密切关系。

　　尽管近几十年来，不少学者站在现在的立场上，以宗教和文化为视角，质疑吉本的观点，强调基督教在西方从古代到中世纪以至近现代发展过程中的重要作用，力图构建西方文明的连续性，但佐西摩斯和吉本等史家从主导思想和主流意识形态

---

① 他说："只要罗马人祭祀不绝，天国就以这样的方式把对他们的眷顾展现出来。可是，当罗马帝国蜕化成一具蛮性十足的躯体，并走向覆灭的时候，我面对这样一个时代，就应指出上述这些灾难的原因，以及对这些事件作出过预言的神谕。"参见［东罗马］佐西莫斯：《罗马新史》，谢品巍译，上海人民出版社 2013 年版，第 23—24 页。他在此书第二卷叙述罗马世纪庆典之后，又强调："只要有这些仪式，罗马帝国便能延续不绝。"此后，佐西莫斯再次重申自己的观点："因此，正如神谕确确实实说的那样，只要这些祭司仪式按时举行，那么帝国就能得到庇佑，亦然能在寰宇之内几乎每一片已知的土地上行使其权威；否则，一旦上述庆典遭到忽视（也就是自戴克里先隐退后），帝国就走向了倾覆，甚至在不知不觉间蜕化到了野蛮的状态。我道出的除了事实别无其他，为此我将按时间的顺序加以证明。"参见［东罗马］佐西莫斯：《罗马新史》，谢品巍译，上海人民出版社 2013 年版，第 43 页。

② ［英］爱德华·吉本：《罗马帝国衰亡史》下册，黄宜思、黄雨石译，商务印书馆 1997 年版，第 136—147 页。

丧失的角度阐释罗马帝国西部衰亡的观点，仍然具有其合理的价值，并且有重要的现实意义和启示，值得我们认真思考。

小　结

秦汉王朝与罗马帝国的中央治理体系，既有共同之处，也各有特点。它们都为各自国家治理体系中的一个重要组成部分，都有比较复杂的组织系统，都有自身的变化发展演变过程，都曾在各自国家上升或崛起的过程当中发挥过重大作用。

秦汉王朝和罗马帝国的中央管理体系也存在不同之处，各有自身特色。秦汉王朝中央管理体系更为系统、更为复杂，规模更为庞大，也更为成熟。罗马国家，无论在共和时期、元首制时期，还是君主制时期，其中央管理体系的系统性、复杂性和规模，都与同一时期秦汉王朝的中央管理体系存在较大差距。这种差距，在官吏的选任和考核方面表现得尤为突出。

秦汉王朝时期确立了皇位继承制度。在这种制度下，尽管也会出现因争夺王位而发生的冲突和斗争，但总体而言能够保证权力比较平稳地交接和过渡，有利于社会的稳定发展。罗马帝国早期，元首制尽管为罗马带来了长期的和平与稳定，但显然没有解决好元首之位的继承问题。一世纪中后期出现了多名元首并存的局面，而到了三世纪，元首更迭尤为频繁，社会陷入危机之中。尽管出现这种状况是多种因素综合作用的结果，但元首制未能解决好继承问题是重要原因。戴克里先确立君主制，其目的之一就是让君主继承有序。但自戴克里先退位至西罗马帝国灭亡，王位继承问题始终困扰着罗马人。

秦汉王朝和罗马国家在发展的过程中各有自己的主流意识形态或居于主导地位的治国思想，这种主流意识形态或主导治国思想也有各自的发展过程，但两者有不同特点。秦汉王朝以"儒法合流"、"儒法共治"为特征的主流意识形态在此后的发展中，虽曾不断遭遇冲击和挑战，但一直处于主导地位，未曾中断。罗马国家以传统的多神信仰为主流意识形态或主导的治国思想，但在罗马帝国后期，基督教取得"国教"的地位，而罗马人传统的多神信仰却成为了异端，甚至遭到禁止，罗马人完全放弃原有的主流意识形态，成为罗马国家衰亡、文明断裂的重要因素。秦汉王朝和罗马国家在主流意识形态或主导治国思想方面的不同特点，对各自的历史发展产生了重大影响。

第三章

秦汉王朝与罗马帝国
的地方治理

一、秦汉王朝对地方的治理

（一）秦郡县制

从秦朝建立开始，秦始皇就设置了一整套从中央到地方的专制主义中央集权政治体制。秦朝对地方的管理方式是"一竿子插到底"，地方官吏的职能是中央权力的延伸和具体化。中央权力如射线一般贯穿到地方最基层，形成了金字塔形状的权力形态。位于金字塔顶端的就是至高无上的皇权。

秦朝对地方的管理实行郡县制。这种郡县制在春秋战国时期就已经发展出来。秦始皇建立秦朝后，对其直接加以继承和利用。具体而言就是秦朝在地方设立了郡、县、乡、里四级行政机构。中央政府之下第一级机构就是"郡"。公元前221年，秦始皇统一六国时，将国家分为36个郡。其后随着边境的开发和郡的改革，秦朝郡增加至46

个。① 郡以下的地方行政机构是县或道。道和县平级，"内地均设县，只有边地少数民族地区才设道"②。县是秦朝统治机构中的关键组织，是代表中央行使统治人民的全部职能的机构。③ 县以下设乡。乡的职能有：摊派徭役，征收田赋，查证本乡被告案情，参与对国家仓库粮食的保管工作。④ 乡以下设里，其职能大体与乡相同，但还要组织生产。县以下还设有另一个管理系统——亭。亭是国家基层治安机构，主要负责地方治安，接待往来官吏，还承担为政府运输、采买和传递文件等职能。

与已经明确划分等级的郡、县、乡、里四级行政机构相适应的，是秦朝的一整套地方官吏制度。在郡一级，最高长官是郡守。郡守之下设"丞"，负责辅助郡守处理郡中行政及司法工作。此外还设有郡尉，负责军事和治安，与郡守分工明确。秦朝郡内还有负责监督百姓和官吏的监御史，是中央御史大夫职能在地方上的延伸，有牵制郡守之效。⑤ 县一级的最高长官，按照秦制，万户以上的县设县令，不满万户的设县长。县令（长）下设丞、尉。一切涉及军事、治安、征发徭役、管理士卒等方面的工作都由县尉负责。通常县尉设置不止一人，是以分担繁重而琐碎的工作。同时，县中还有一些办事的小官吏

---

① 林剑鸣：《秦汉史》，上海人民出版社 2019 年版，第 105 页。
② 林剑鸣：《秦汉史》，上海人民出版社 2019 年版，第 109 页。
③ 林剑鸣：《秦汉史》，上海人民出版社 2019 年版，第 110 页。
④ 林剑鸣：《秦汉史》，上海人民出版社 2019 年版，第 111 页。
⑤ 林剑鸣：《秦汉史》，上海人民出版社 2019 年版，第 109 页。

和下级军官，如"敦长（屯长）"、"仆射"、"士吏"等。① 乡一级的官吏为"三老"、"啬夫"、"游徼"。"三老，掌教化；啬夫，职听讼，收赋税；游徼，循禁贼盗。"（《汉书·百官公卿表》）里一级设里正或里典以及老，其职能与乡的职能相同，另外还需要组织生产。除"里"以外，秦朝在乡之下还设有另一个居民基层组织，那就是"伍"。"里、伍的职责是协助乡、亭对居民实行教化和维持社会治安"。② 亭是都尉、县尉的派出机构，设有亭长。亭长下有"亭父"、"求盗"各一人。他们的职责主要是抓捕盗贼。③ 地方官吏从朝廷领俸禄，俸禄多少根据官吏的品级而定。官吏的俸禄按月以粟的"石数"为单位发放。因而，官秩又以"石"为划分标准。同时，官吏品级不同，享有的特权也不同。④

　　秦朝建立的这一整套完善的地方统治机构，官职分工明确，相互牵制。官吏必须经过国家正式委任才能任职，若未获任命或受私人派遣就行使职权，要依法治罪。《睡虎地秦墓竹简》中的《置吏律》和《除吏律》就是秦代任免官吏所依据的法规。除中央政府外，郡、县官吏有任命本府属员的权力。⑤朝廷还制定了一整套官吏考核制度，来保障中央对地方的控制。秦朝对郡、县地方官的考核主要有两种方式：一种是朝廷

---

① 林剑鸣：《秦汉史》，上海人民出版社 2019 年版，第 110 页。
② 孟祥才：《秦汉史》，上海人民出版社 2019 年版，第 81 页。
③ 林剑鸣：《秦汉史》，上海人民出版社 2019 年版，第 111 页。
④ 林剑鸣：《秦汉史》，上海人民出版社 2019 年版，第 114—115 页。
⑤ 林剑鸣：《秦汉史》，上海人民出版社 2019 年版，第 112—113 页。

派出御史到各郡监督、视察，称"监"或"监御史"，监御史对官吏考核后向皇帝汇报。另一种是"上计"制。每年地方官吏事先将赋税收入的预算上交朝廷，年终时再将有关情况如实上报，而且上报内容非常具体、详细。[①] 朝廷可以依靠这种考核制度，一方面对地方官吏起到鼓励、督促和监督的作用，另一方面深入掌握全国各地的实际情况。

秦朝的郡县制，在中国历史上具有十分重要的意义。郡、县归中央管理，官吏由皇帝任命，极大地加强了中央皇权。中央、郡、县三级管理制度的形成，有助于从中央到地方的层层管制，形成稳定金字塔形统治结构，为秦汉大一统的局面奠定了坚实的基础。

（二）汉郡国并行制

汉朝实行郡国并行制度。西汉建立之初，刘邦先分封了一批异姓王，后又逐步将其消灭，改封同姓王。东汉建立时，光武帝刘秀也分封了一些诸侯王和列侯。因此，东汉与西汉一样，一直有封国的存在。西汉的封国一般都占有数郡。汉初，封国二千石官由中央代置，二千石以下的官，封国可以自行任命。吴楚七国之乱后，汉加强中央集权，剥夺了诸侯王在封国内的行政权力。汉景帝以后，封国内大致四百石以上的官由朝廷派遣，有的封国内，甚至二百石以上的官都要由朝廷派遣。

---

① 林剑鸣：《秦汉史》，上海人民出版社 2019 年版，第 113 页。

林剑鸣先生言:"诸侯国内上至相,下至县令均由朝廷委派,王国内的制度与各郡县已无明显区别。"[1] 东汉中央集权进一步加强,封国的土地比西汉小得多,一般只是一到两个郡。受封诸侯在其封国内只有食封权,没有统治权。"据统计,当时全国大约有七十余个郡,五十国。构成中央王朝下一级的统治机构。"[2] 各诸侯王国的实际地位与郡相同。因此,汉朝对地方的统治,主要依靠的还是郡县制。

在郡、县管理方面,汉朝主要承袭秦制,同样是郡、县二级管理机构。郡的最高行政长官是郡守,其下有丞辅佐其工作。郡守另有郡尉(汉景帝时改称都尉)相佐,负责掌管军事。另外还有一批属吏,各有职能分工。郡下设县。同样是万户以上的县设"令",万户以下设"长"。县令(长)也是有丞、尉等下属协助办公,分管行政、司法、财政与军事等方面的工作。县以下设乡,乡有三老、啬夫、游徼等官吏,分管教化、司法、租税、治安等事务。乡以下有里,里有里正、典。里之下有"什伍"。什伍组织是一种人口和财产登记的编户制度。"按照规定,一切民户都要进行登记,包括户主的姓名、性别、年龄、家内人口及土地财产,作为征收赋税和征发兵役徭役的根据。有的名籍上还登记身长、肤色等状貌,作为人口逃亡时缉捕的材料。不在户籍的人叫'无名数',丢掉户籍流亡,就成为'流民'。无名数和流民在西汉法律上都被认为是

---

① 林剑鸣:《秦汉史》,上海人民出版社 2019 年版,第 298 页。

② 林剑鸣:《秦汉史》,上海人民出版社 2019 年版,第 786—787 页。

犯罪的人。工商业者另立户籍叫做'市籍'。凡是属于'市籍'的人都要受到政治上、经济上的限制和监督。"①"什伍"之中，还实行告奸、连坐之法，一家有罪，株连整个什伍。"每年八月，地方官都要案比户口、编制户籍，所谓'八月算民'。通过郡县、乡里和户籍以及连坐、告奸等制度，千万小农被纳入了政府的紧密控制之下"。②可见汉朝对基层的统治更加严密。另外，汉朝的县以下也设有"亭"，听从县尉领导。亭设亭长，负责维护交通治安，也涉及一些民事工作。郡县长官也均由中央任免。

汉朝实行郡国并行制，但其实际上控制地方的手段主要还是郡县制。汉朝在承袭秦朝制度的基础上，又进一步加强了对地方的管控，形成了一个从上到下、从中央到地方的分工明确的管理网络，极大地巩固了汉王朝的统一和集权。

二、罗马对地方的治理

罗马的对外扩张，可以分为两大阶段：对意大利的征服和对地中海的征服。罗马帝国在地理上也同样可以划分为两大部分——意大利本土和行省。罗马在完成对意大利的征服之后，意大利逐渐形成一个"民族国家"，罗马成为整个意大利的代

---

① 孟祥才：《中国历史·秦汉史》，上海人民出版社 2019 年版，第 252 页。
② 阎步克：《波峰与波谷——秦汉魏晋南北朝的政治文明》，北京大学出版社 2018 年版，第 11 页。

表。① 而行省却依然处于被征服者的角色，其地位远低于意大利本土。罗马对意大利地区的治理方案，与其对行省的管理措施有所不同。因而我们在此将二者分开讨论。

（一）罗马对意大利的治理

1.罗马对意大利的征服

罗马在从一个小城邦发展为一个强大国家的过程中，与其周边的各个城邦不可避免地发生碰撞和冲突。罗马征服意大利地区的过程，就是它不断地处理与意大利各个城邦之间关系的过程，同时也是其在意大利的统治政策逐步产生的过程。

探讨罗马对意大利的征服，我们首先要从罗马自身所在的拉丁姆地区谈起。传说阿尔巴龙加在建立罗马城之前已经建立了三十个拉丁城。这些拉丁城形成一个联盟，以阿尔巴为盟主。罗马第三王图鲁斯在灭了阿尔巴之后，想使罗马成为盟主。拉丁诸邦不服，双方发生了战争，最后以拉丁诸城与罗马签订合约结束。在这个过程中，就已经形成了罗马与拉丁同盟之间的对应关系。后有一些拉丁城邦想要摆脱同盟的约束，皆被罗马镇压。至王政末年，罗马已经成为拉丁诸城的盟主。罗马推翻王政后，拉丁诸邦联合起来反对罗马，双方发生激战，罗马艰难取胜。② 公

---

① 陈可风：《罗马共和时期的国家制度》，东北师范大学博士学位论文，2004年，第129页。

② 关于早期罗马与拉丁诸城邦的关系，参见李雅书、杨共乐：《古代罗马史》，北京师范大学出版社2010年版，第42—43页。

元前 493 年，双方签订同盟条约。这是一项平等条约，面向拉丁同盟与罗马的共同敌人，但罗马是在拉丁同盟之外的，罗马与拉丁同盟势均力敌。①公元前358年，罗马和拉丁同盟再次签订合约，将此前的同盟关系变成了附属关系。公元前 340 年，大拉丁战争爆发，拉丁诸城邦联合坎佩尼亚的加普亚等城市反抗罗马，被罗马打败，拉丁同盟解体。公元前 338 年，罗马与拉丁诸城邦再次签订合约。此次合约，罗马是与单个拉丁城邦签订的。各拉丁城邦根据与罗马关系的亲疏签订了不同条约，获得了不同的法律地位。这批条约的签订，奠定了罗马对拉丁地区统治方式的基础，也是罗马摸索统治被征服地区方法的开始。

　　在大拉丁战争后，与罗马签订条约的拉丁城邦中，有一些城市保留广泛的自治权，同时获得了完整的罗马公民权；另一些城市同样享有充分的自治权，但获得了不完整的公民权，即"无投票权公民权"（civitas sine suffragio）。还有一些城市作为罗马同盟，单独与罗马缔结盟约。罗马还在部分被征服地区设立拉丁殖民地，并在沿海重要港口兴建具有特殊地位的"海岸殖民地"（coloniae maritimae）。海岸殖民地市民被授予全权公民权，而且由于那里的公民承担坚守海港之责，所以享有"神圣豁免"（sacrosancta vacatio）权，也就是可免除兵役。②罗马

---

① 陈可风：《罗马共和时期的国家制度》，东北师范大学博士学位论文，2004 年，第 104 页。

② 参见陈可风：《罗马共和时期的国家制度》，东北师范大学博士学位论文，2004 年，第 107—109 页。

后续在意大利中部和南部地区的扩张，基本上延续了大拉丁战争后的政策：让对罗马忠诚的城市保持独立，并与之结盟；对相对不可靠的城市，如赫尔尼基人城市阿纳格尼亚（Anagnia）和富如希诺（Frusino），授予其市民"无投票权公民权"；对不忠实的埃魁人（Aequi）施以严厉处罚，逐出领地，在其领地上建立了两个拉丁殖民地；在另外两个海滨城市，建立了"海岸殖民地"；等等。①

总而言之，罗马在征服意大利的过程中，逐步发展出了对意大利地区的统治政策。这一政策大体上可以总结为如下几类：授予完整罗马公民权、结盟、设置拉丁殖民地、设置海岸殖民地、兼并土地。② 不过，罗马在意大利的管理制度，具有复杂多变的特点。各个城市享有的权利和地位都不尽相同。随着时间的推移，政治形势的改变，这些城市的地位也在发生着变化。

2. 罗马对意大利的管理

随着对意大利的征服，罗马在意大利境内建立了联盟者、罗马公民城镇、"拉丁共同体"、自治市、罗马管辖区等地方管理机构。它们因与罗马关系的亲疏，而有不同的地位以及相应的权利。

---

① 陈可风：《罗马共和时期的国家制度》，东北师范大学博士学位论文，2004年，第111页。

② 陈可风：《罗马共和时期的国家制度》，东北师范大学博士学位论文，2004年，第116页。

多数意大利人处于联盟者地位。他们是罗马通过激烈的战争征服的城邦。在战败后，他们与罗马签订不同性质的条约：一类为平等条约，一类为不平等条约。"前者一般是独立平等的双方所缔结的共同防御联盟；后者则是缔约的一方从属于另一方。"后者的情况下，"同盟不仅要视罗马的敌人为自己的敌人，还得'友好地维护罗马人民的统治和权威'[①]。"[②] 罗马元老院以外交书函的形式与同盟者进行沟通。同盟者一般保持自治，但外交权掌握在罗马手中。这些城邦还要向罗马提供辅助部队，其中骑兵分布在罗马军队的两翼。沿海的"海上联盟者"，还须向罗马提供船舶及船上服役人员。"随着整个意大利罗马化进程的发展，这些同盟越来越像罗马的地方政府，其政治建制也逐渐和罗马相似。"[③]

罗马公民城镇是指被并入罗马国家，享有全部公民权的城市。该政策早期主要应用于拉丁地区与罗马相邻的城市。对这些被兼并城市的管理是一个渐进的过程。在很长一段时间内，这些城市保存了原有机构。同盟战争之后，各地管理机构均被四人委员会（quarttorviri）取代并形成一种定制。[④]

---

① Livy, *History of Rome* IX, 36, 8; XXVIII, 45,20: imperium maiestatemque populi Romani comiter conservanto.

② 陈可风：《罗马共和时期的国家制度》，东北师范大学博士学位论文，2004 年，第 128 页。

③ 陈可风：《罗马共和时期的国家制度》，东北师范大学博士学位论文，2004 年，第 128—129 页。

④ 参见陈可风：《罗马共和时期的国家制度》，东北师范大学博士学位论文，2004 年，第 122—124 页。

属于拉丁共同体的城市与罗马关系相当亲近。"公元前338年以后，拉丁被分为两个组群：一为残存的三十部族（triginta populi）成员以及未被并入罗马的赫尔尼基城市；一为拉丁殖民地（coloniae latinae）。二者的法律权利地位并无分别。"① 拉丁共同体保持自治地位，罗马一般不干涉其内部事务。但涉及重大问题，特别是军事问题，罗马对其控制相当严格。"随着罗马日益强大，拉丁各邦越来越依附于它，逐渐丧失其自治特性而更多地成为听命于罗马的地方政府。"② 这些城市的市民很多原本是罗马公民，可以在罗马军团服役。拉丁殖民地的管理机构多模仿罗马，并且通过大量立法使自己的政治制度和习惯更加罗马化。拉丁人有与罗马人通婚（conubium）权、通商（commercium）权、移居（migratio）权③，以及通过长官授予成为罗马公民的权利（ius adipiscendi c.F. per magistratum）。离开本邦的拉丁人还须接受罗马长官的监管。④

罗马在意大利地区的地方管理机构都有着非常丰富的内涵，随着历史的发展而变化。这种变化不仅限于某城市或共同

① 陈可风：《罗马共和时期的国家制度》，东北师范大学博士学位论文，2004年，第125页。

② 陈可风：《罗马共和时期的国家制度》，东北师范大学博士学位论文，2004年，第127页。

③ 通过移居和人口登记（per migrationem et censum）注册为罗马公民的权利。见陈可风：《罗马共和时期的国家制度》，东北师范大学博士论文，2004年，第126页。

④ 参见陈可风：《罗马共和时期的国家制度》，东北师范大学博士学位论文，2004年，第125—127页。

体所属的地方机构类型的改变，即便相同的机构类型，随着时间的推移，其概念的内涵也在不断发生着变化。这种现象，可以从古代作家在不同时期使用"自治市"、"殖民地"、"联盟者"等术语时，其所针对的同类城市的实际状况有所不同反映出来。① 尽管意大利城市种类众多，但罗马对它们的管理模式都是出于同样的统治理念，即根据与罗马关系的亲疏而分配不同的地位和权利。其中，罗马对自治市的管理极具代表性。因此，这里试以自治市为例说明地方机构内涵的变化，以及罗马对地方城市的管理方式。

（1）"自治市"的内涵

早期被罗马赋予最大权利的是自治市（Municipium）。自治市除保有广泛的自治权外，还享有其他大量权利。其公民可以和罗马公民一样加入特里布斯和参加罗马人民大会，也可在罗马军团服役，属于拥有投票权的邦。② 但我们不可以固化地看待罗马对意大利地方机构的管理方式。自治市的权利和地位，一直在发生着变化。

自治市最初并非由罗马建成，而是以城邦国家的政制形式组织起来的土著共同体，后被整体纳入罗马版图，并被授予罗马公民权，享有投票权。公元前381年，拉丁城市图斯库鲁

① 陈可风：《罗马共和时期的国家制度》，东北师范大学博士学位论文，2004年，第116页。

② 陈可风：《罗马共和时期的国家制度》，东北师范大学博士学位论文，2004年，第107页。

姆成为自治市。而后在公元前 338 年，拉丁姆地区城邦组成拉丁同盟中的多个城市获得了相似的地位。从罗马的视角来看，是将这些土著城市"提升"为自治市。自治市被允许保留原有的政府形式和内部独立，享有城市自治权，是一种允许保留过去某些自身制度的非罗马共同体。① 自治市人民（Municeps）的法律身份与其名称 Muiceps 的词源有关。Municeps 可视为 muni-cap-s，与"义务"（duties）有着密切的联系，因为 muni 意为"义务"。② muni 常用作复数，即 munia。而 Municeps 的意思就是承担 munia 的人。在罗马法律当中，munia 指的是"对罗马国家的义务"。罗马本土的公民不会被称为"承担"（而是说"具有"）义务。而唯独自治市人民在跟有完整公民权的罗马公民一同践行义务的时候，要用"承担"一词。因此，"自治市人民"是指那些虽然对罗马国家没有义务，但是在一定时间内出于自愿或者被迫"承担"这些义务的人。③

值得注意的是，关于自治市的定义，由于不同地区的具体情况各异，一直有所变化，存有争议。即便古代罗马人自身也很难准确把握这一概念。例如，奥卢斯·格列乌斯（Aulus Gellius）在《阿提卡之夜》中就转述了哈德良元首在元老院中关于自治市民的名字和权力的发言。格列乌斯指出人们经常使

---

① 参见〔意〕洛伦佐·伽利雅迪:《〈授予市民权的优流斯法〉的颁布背景及其实施效果》，朱少龙译，《苏州大学学报（法学版）》2018 年第 3 期。

② John Pinsent, "The Original Meaning of Municeps", *The Classical Quarterly*, Vol. 4, No. 3/4 (Jul. - Oct., 1954), p. 161.

③ John Pinsent, "The Original Meaning of Municeps", pp. 163-164.

用 municipes（自治市民）和 municipia（自治市），并且自认为
了解其确切含义，但实际上在运用过程中是存有错误的。① 另
外，随着历史的发展，自治市的内涵本身也在发生着变化。最
初，自治市是在罗马拥有投票权的邦，但渐渐地包含了无投票
权的邦。②

　　"在拉丁战争第一阶段，坎佩尼亚人因普遍支持拉丁人
一方遭受了惩罚，罗马向卡普亚索取了罚金和土地。不过贵
族却由于拒绝参战受到了罗马的奖赏，被授予罗马公民籍
（civitas romana）。在战争的第二阶段，卡普亚因采取了明智的
中立政策，所有坎佩尼亚人均被授予无投票权公民权（civitas
sine suffragio）。"③ 罗马人跟坎佩尼亚人签订的早期条约是平等
条约。"自治市"与罗马的关系，需要从缔约双方的角度来考
察，即双方拥有通婚权并在移居对方邦后拥有对方邦的公民
权，但不得担任官职，没有投票权。"无投票权公民权"事实
上是一种平等的双边关系，而非其将城邦并入罗马。这种关
系对对方城邦内政治生活影响不大。自治市的最高长官、元
老院和人民大会制度仍然存在，没有受到罗马限制。④ 可以说，

---

① The Attic Nights, with an English translation by John C. Rolfe, Cambridge, Massa-
chusetts: Harvard Univessity Press, 1927, 16. 13.
② 陈可风：《罗马共和时期的国家制度》，东北师范大学博士学位论文，
2004 年，第 117 页。
③ 陈可风：《罗马共和时期的国家制度》，东北师范大学博士学位论文，
2004 年，第 116—117 页。
④ 参见陈可风：《罗马共和时期的国家制度》，东北师范大学博士学位论文，
2004 年，第 118—119 页。

此时，卡普亚等城市与罗马的关系应该是平等的。但在第二次布匿战争中，坎佩尼亚人背叛罗马，导致罗马剥夺了卡普亚及其他大多数坎佩尼亚城邦的自治权，并每年向该地区派遣常驻官员。①

需要强调的是，自治市并不都像卡普亚那样，早期与罗马关系平等。很多自治市从未与罗马取得平等关系。"无投票权公民权"也逐渐不再作为一种奖赏授予帮助过罗马的城邦，而演变成罗马强加给对方的单边政策。随着罗马越来越强大，自治市或"无投票权公民权"完全成为罗马的一种扩张策略。自治市丧失与罗马的平等关系，其市民地位也低于罗马公民。同盟战争后，全部意大利城市都获得了公民权，自治市的特殊性消失。自治市的概念也因而发生变化，泛指罗马以外的意大利地方城市。②

（2）罗马对自治市的管理

罗马自治市制度经历了一个逐步发展和完善的过程。在这方面迈出第一步的是秦纳（Cinna）。同盟战争之后，他在新设立的自治市中设置四人委员会（quattuorvirate）作为普遍的地方行政长官制度。第二步是苏拉（Sulla），他将意大利的更高统治权限（higher jurisdiction）集中到罗马。第三步，同时也是

---

① 陈可风：《罗马共和时期的国家制度》，东北师范大学博士学位论文，2004年，第120页。

② 参见陈可风：《罗马共和时期的国家制度》，东北师范大学博士学位论文，2004年，第120—121页。

自治市体制改革的主要工作，由凯撒完成。①

　　凯撒对自治市的改造分四个阶段进行。首先，在公元前
55 年，凯撒命五位保民官（tribunes）通过一项法案，从而使
意大利地方上比较小的行政机构，提升到"自治市"（municipia）
的地位，并且赋予它们更大程度的自治权。②

　　接下来，在公元前 49 年，凯撒继授予山南高卢的波河北岸
部分公民权之后，实验性地给予南阿尔卑斯行省（Cisalpine）的
全部城镇广泛的地方管辖权。该政策的部分内容在《阿提斯特
残篇》（The Fragmentum Atestinum）③ 中有所记载，其中还记录了
罗马的司法官（praetor urbanus）与山南高卢的当地法庭之间的
分工。当涉案金额低于一定数额时，案件可由当地法庭审理。④

　　随后，在公元前 47 年，凯撒将这种地方管辖权扩展到了
整个意大利。由此，自治市的四人委员会（quattuorviri）分
裂为两对官员，即司法官（quattuorviri iuredicundo）和市政
官（quattuorviri aediliciae potestatis）。凯撒还将修宪的权力留给
了地方当局。在特殊的情况下，才会由罗马委派的专员来修
改宪法。⑤ 这部分法令是通过《尤里乌斯自治城法》（Lex Iulia

---

① M. Cary: "The Municipal Legislation of Julius Caesar", *The Journal of Roman Studies*, Vol. 27, Part 1: Papers Presented to Sir HenryStuart Jones（1937）, p. 48.

② M. Cary: "The Municipal Legislation of Julius Caesar", p. 48.

③ 一部法律残篇，其名字来自于该残篇的发现地——古罗马的阿提斯特（Ateste）。

④ M. Cary: "The Municipal Legislation of Julius Caesar", pp. 48, 50.

⑤ M. Cary: "The Municipal Legislation of Julius Caesar", pp. 48-49.

Municipalis）颁布的。《尤里乌斯自治城法》为自治市设置了不同职级的官职。该法还很有可能修订了自治市官员的担任资格，以便排除不称职的候选人，从而提高自治市的地方行政水平。[1]

凯撒建设罗马自治市制度的第四个步骤是在公元前 45 年进一步提出一项法令。该法令规定了担任地方行政长官和进入地方元老院的资格，并且规定要进行地方人口普查。前面三项法令所指定的，为某些自治市草拟宪章的罗马专员，有权在未来 12 个月内，通过补充立法，对该项法律做出任何必要的补充。[2] 公元前 45 年的这项法令，是凯撒在通过立法对全体罗马自治市当中的部分问题进行规范。[3] 凯撒的这四步措施，极大地推进了罗马自治市制度的发展，为罗马自治市的历史进程增加了新的篇章。

自治市作为原本就存在的城邦国家，与罗马产生交集后，被整体纳入罗马版图，并被授予罗马公民权，变成罗马治下的城市。这个将自治市纳入到自己的管理体系中的过程，罗马是以法律为工具来完成的。所以，我们有必要在此进一步深入考察罗马自治市发展过程中的一部关键性法律——公元前 90 年颁布的《授予公民权的尤里乌斯法》（Lex Iulia de civitate）。

---

① M. Cary: "The Municipal Legislation of Julius Caesar", pp. 50-51.

② M. Cary: "The Municipal Legislation of Julius Caesar", p. 49.

③ M. H. Crawford, "How to Create a 'Municipium': Rome and Italy after the Social War", *Bulletin of the Institute of Classical Studies*, Supplement, No. 71, MODU-SOPERANDI: ESSAYS IN HONOUR OF GEOFFREY RICKMAN (1998), p. 32.

　　罗马早期对于自治市的治理，不存在整齐划一的法令。不同的城市有不同的法令，而且这些法令还在不断地修正、更新。① 但是，到了弗拉维王朝时期，罗马已经开始使用标准的法律管理自治市了。这种变化的起点，就是公元前90年颁布的《授予公民权的尤里乌斯法》（下文简称《尤里乌斯法》）②。

　　《尤里乌斯法》事实上是通过法律来将自治市居民纳入到罗马的体制当中。接受《尤里乌斯法》（也就接受了罗马公民权）的城市，也要采用罗马组织机构模式和司法体制。《尤里乌斯法》不是简单地授予罗马公民权，而是将公民权授予那些同意遵守法律规定的人。而这些法律规定，将最终把他们带入罗马的政治和法律文化体系之中。"《尤里乌斯法》以这种方式创造了新的罗马自治市的类型。从私法的角度，它们失去了所有的自主权。"③ 罗马人就这样用罗马私法同化了自治市。

　　《尤里乌斯法》颁布后，罗马对自治市管理的一个重要措施，就是任命自治市的最高行政长官或祭司。罗马曾为自治市任命"四人委员会"（the first college of IIIIviri）④ 和市政官，甚至派罗马人去担任自治市的高级官吏。例如，《他林敦法》（Lex

---

① M. H. Crawford, "How to Create a 'Municipium': Rome and Italy after the Social War", p. 31.

② M. H. Crawford, "How to Create a 'Municipium': Rome and Italy after the Social War", p. 33.

③ ［意］洛伦佐·伽利雅迪：《〈授予市民权的优流斯法〉的颁布背景及其实施效果》，朱少龙译，《苏州大学学报（法学版）》2018年第3期。

④ 四人委员会在共和末期的自治市当中是典型的最高行政职务。

Tarentina）就反映出部分四人委员会和市政官不是经选举，而是从外面派往他林敦；《殖民地根尼提乌法》（Lex Coloniae Genetiuae）反映出凯撒在当地设置了大祭司团和占卜官，并且有权任免公职人员。① 在《尤里乌斯法》之后出现的法律，进一步完善了涉及自治市的相关规定。例如，相关立法明确了自治市涉及罗马的财政义务的性质。罗马是可以对意大利的自治市提出财政上的要求的。西塞罗的作品中就曾写道："哪一个自治市可以如此免税，以至于像梅萨纳（Messana）这样，这么多年一直在各方面都享有豁免权？"② 这说明通常自治市对罗马是负有纳税义务的。

罗马对自治市居民广泛实施人口普查注册的政策，极有可能发端于《尤里乌斯法》。③ 古罗马的人口普查制度有着悠久的历史，是一项由政府定期组织人民进行人口和财产登记，并根据登记结果确定公民服兵役、纳税和投票等责任和权利的制度。人口普查通常每隔四年到五年就进行一次，最初由罗马的国王主持，后由执政官主持，自公元前 443 年起由罗马的监察官组织进行。④ 而罗马在意大利自治市实行统

① M. H. Crawford, "How to Create a 'Municipium': Rome and Italy after the Social War", p. 33.

② M. H. Crawford, "How to Create a 'Municipium': Rome and Italy after the Social War", p. 35.

③ M. H. Crawford, "How to Create a 'Municipium': Rome and Italy after the Social War", p. 37.

④ Simon Hornblower, Antony Spawforth, Esther Eidinow, *The Oxford Classical Dictionary*, Oxford: Oxford University Press, 2012, p. 296.

一的人口普查制度，最早的证据可见于《赫拉克勒斯城铜表》（Tabula Heracleensis）①。根据《赫拉克勒斯城铜表》记载，在罗马人口普查的登记者需提供他们的"名、首名、父名或庇护人的名、族名、家名以及他们每人的年龄、根据普查规定——应由当时执行人口普查的人在罗马公布——提供的财产数目"。② 在罗马城进行人口普查工作时，意大利各城镇的最高长官也要同时进行人口普查："无论现在及将来在意大利内的自治城、殖民城及罗马公民的地方辖区，任何在这些自治城、殖民城或地方辖区中出任最高官职或执掌最高权威之人，每当监察官或任何其他官员在罗马城举行人口普查时，他要在知晓罗马举行人口普查后的六十天之内，对所有自治城居民、他的殖民城居民抑或是属于他管辖的罗马公民进行人口普查。"③

　　早期人口普查的对象主要是男性公民。妇女、儿童不参加，但父母要提供家庭成员的具体信息。④ 奴隶是被当作财产进行登记的：人口普查数据包括耕地的质量和范围、奴隶的数

① 公元前 49 年尤里乌斯·凯撒授予波河以北居民罗马公民权，并向全部意大利城镇派遣专员制定自治城法案，即《尤里乌斯自治城法令》（Lex Iulia Municipalis）。学界普遍认为《赫拉克勒斯城铜表》记录了这部法令的部分内容，能够详细地反映出罗马当时人口普查制度的内容。参见范秀琳、张楠：《〈尤里乌斯自治城法令〉译注》，《古代文明》2007 年第 4 期。

② 范秀琳、张楠：《〈尤里乌斯自治城法令〉译注》，《古代文明》2007 年第 4 期。

③ 范秀琳、张楠：《〈尤里乌斯自治城法令〉译注》，《古代文明》2007 年第 4 期。

④ Dionysius of Halicarnassus, *Roman Antiquities*, with an English translation by Earnest Cary, Cambridge, Massachusetts; Harvard University Press, 1939, 4. 15.

量以及其他形式财产的全部信息。① 罗马的人口普查制度最初
是出于军事目的，"为了通过评估每一个公民在武器和盔甲方
面对于国家的价值，来组织百人队中的方阵……从而确定此人
应属于哪个等级（classis），应被分入哪个百人队（centuria）。"②
但是随着货币经济的进步以及罗马军事制度的发展，人口普查
的政治和经济意义逐渐变得更为突出。对自治市进行人口普
查，显然是将这些城市纳入到了罗马的管理体系当中。

总体而言，《尤里乌斯法》实施后，意大利所有的自治市
都有了同一机构。《尤里乌斯法》通过制定相应的规则来调整
这些新自治市的政治和行政组织。公元前 90 年后建立的新自
治市似乎全部拥有以四人共治为基础的统一的管理组织。③ 同
时，自治市内也存在着一年一届的行政长官，例如市政官或者
财务官。在没有市政官的城市，尽管四人委员会在选出时没
有分工，他们也会分工为司法和市政两大职能。④ 早在同盟战

---

① Simon Hornblower, Antony Spawforth, Esther Eidinow, *The Oxford Classical Dictionary*, p. 296.

② T. P. Wiseman, "The Census in the First Century B.C.", *The Journal of Roman Studies*, Vol. 59, No. 1/2（1969）, p. 59.

③ 相关内容参见 M. H. Crawford, "How to Create A 'Municipium': Rome and Italy After the Social War", *Bulletin of the Institute of Classical Studies*. Supplement, No. 71, MODUSOPERANDI: ESSAYS IN HONOUR OF GEOFFREY RICKMAN（1998）, pp. 31-46；[意] 洛伦佐·伽利雅迪：《〈授予市民权的优流斯法〉的颁布背景及其实施效果》，朱少龙译，《苏州大学学报（法学版）》2018年第 3 期。

④ M. H. Crawford, "How to Create A 'Municipium': Rome and Italy After the Social War", p. 36.

争以前，罗马以外的意大利各地区会各自进行当地的人口普查。很有可能在公元前 90 年的《尤里乌斯法》之后，意大利出现了总体性的规则。在自治市中由执掌职权五年的行政长官（quinquennales）负责组织当地的人口普查工作。① 从罗马共和国晚期到帝国早期，当自治市的最高行政长官由于死亡或其他原因无法在位，必要时会由临时最高长官（interreges）代替其行使职责。财务官虽然不是自治市必备的官职，但很多地区也还是会设置多名财务官。②

　　综上所述，罗马以法律为工具将自治市纳入到自己的管理体系中来，在将公民权推广到各自治市的同时，把整个意大利变成了罗马的属地。罗马通过行政、法律和财务上的约束对自治市进行管理。然而，这种管理方式的效果是有限的，只在局部领域满足了罗马短期内的要求。显然，罗马没有制定如秦汉郡县制那般严密的地方管理体系来治理自治市。并且鉴于自治市原有的独立城邦性质，罗马在处理自治市具体事务时，也缺乏统一的解决方案。自治市内部具有较强自主性，各具特点。更值得注意的是，罗马对自治市的很多规定多限于法律层面。

　　罗马管辖区是罗马管理意大利地区的另外一种办法，与自治市存在一定的交叉。最初出于某些地方的需要，罗马在个别

---

① M. H. Crawford, "How to Create A 'Municipium': Rome and Italy After the Social War", p. 37.

② M. H. Crawford, "How to Create A 'Municipium': Rome and Italy After the Social War", pp. 37-38.

自治市中设置过管辖区。① 有的自治市在丧失自己的地位之后，表面上自治，实质上也会沦为罗马管辖区。不过，罗马的管辖区一般会设置在原管理机构落后的地区，"由罗马直接监管这些此前可能还处于部落社会的无投票权的新罗马公民。"② 但对于机构完善的地区，罗马也可以推翻其原有机构后设置管辖区。总之，罗马会根据实际需要随时变换其统治方式。③

　　总而言之，罗马在意大利的治理方式灵活多变，围绕着公民权的大小发展出一套复杂的管理体系。由于历史现实的复杂性，罗马对意大利地方的统治几乎是一地一策，根据不同地区的实际情况，推行不同的管理政策。地方机构所获得的地位也是开放式的，伴随着不同的历史机遇和形势，地方城市的性质和权利都有可能发生改变。罗马在意大利的统治经验，在日后行省城市的管理上也发挥了作用。然而，罗马在意大利始终缺乏直接而有力的管理，仍然以城邦的管理模式为基础，没有发展出一套成熟的官僚体系来有效驾控这样一个地域性大国，而使大部分地区都保有自治的权利。同盟战争后，意大利地区被广泛授予罗马公民权，逐渐演变成为一个"国家"。但罗马这种松散的管理方式，只能把意大利作为一个联邦国家组织起

① 陈可风：《罗马共和时期的国家制度》，东北师范大学博士学位论文，2004年，第121页。

② 陈可风：《罗马共和时期的国家制度》，东北师范大学博士学位论文，2004年，第122页。

③ 关于罗马管辖区，参见陈可风：《罗马共和时期的国际制度》，东北师范大学博士学位论文，2004年，第121—122页。

来，而无法发展成像中国秦汉王朝那样的，内部紧密相连的大一统国家。

（二）罗马对行省的治理

1. 行省管理制度

罗马在征服意大利之后，跻身于地中海世界的强国，与东方的马其顿、埃及、叙利亚和西方的迦太基比肩。罗马开始进一步走向地中海，与地中海地区的大国展开竞争。随着在地中海的争霸战争中不断取得胜利，罗马从一个地区性大国发展成了跨欧亚非三洲的强大帝国。在这个过程中，罗马领土急剧增加，获得了大量新的领地。对新领地进行管理的需求，令罗马行省制应运而生，并根据新的历史实际的需要，逐步发展成熟。因此，罗马在地中海扩张的过程，也是罗马行省制形成和发展的过程。罗马的行省制是处在动态变化当中的，而不是像中国秦汉王朝的郡县制那样成熟的定制。

公元前 3 世纪中叶，第一次布匿战争结束，罗马在西西里建立了第一个行省。随后不久，罗马又把撒丁和科西嘉组成为第二个行省。到公元前 2 世纪末，罗马已先后建立了十个行省，它们分别是：西西里、撒丁和科西嘉、近西班牙、远西班牙、马其顿、阿非利加、亚细亚、山外高卢、西利西亚、塞浦路斯和山南高卢。① 此外，还有一些国家和地区通过条约与罗

① 李雅书、杨共乐：《古代罗马史》，北京师范大学出版社 2010 年版，第104 页。

马建立了同盟、友邦或附庸关系，但后续也陆续被罗马变成了它的行省。罗马获得这些行省的途径，主要是通过战争，利用武力征服战败地区，并设置行省加以管理。例如，第一个行省西西里，就是罗马在战胜迦太基后，清除了迦太基人在西西里岛的势力之后，在这里建立的。而第二个行省，也是罗马趁迦太基佣兵内乱之机，于公元前238年派兵占领了撒丁岛，迫使迦太基撤退。然后，于前227年把撒丁和科西嘉组成了一个像西西里一样的行省。罗马获得行省的另外一个重要的途径，就是赠予。例如，公元前138年，小亚细亚北部的帕加玛国王阿塔路斯三世无子嗣，在遗嘱中将王国赠送给罗马。这个王国后来就变成了罗马的亚细亚行省。再如，公元前96年，昔勒尼国王托勒密·阿庇安死后，也将国家送给了罗马。[①]

罗马管理行省的通用的办法是派驻总督。但这一办法并不是从来就有的定制，是罗马根据现实需要探索出的管理方式，并且根据实际形势需要，在不断地发生着变化。按照罗马以往在意大利的经验，在战争结束后，应该与战争的另一方签订合约，形成或远或近的同盟关系，授予或多或少的公民权，但是在第一次布匿战争结束后，罗马并没有延续以往的政策，使西西里成为同盟，而是创造了一种新的管理模式——行省。这是为什么呢？根据M.罗斯托夫采夫的分析，罗马人没有把西西里地区的人纳入意大利联邦，是因为当地人在政治和社会观念上都太原始，文化

---

① 瞿林东主编：《历史文化认同与中国统一多民族国家》第五卷，河北人民出版社2013年版，第196页。

水平极为低下，所以可能不是罗马理想的盟友，而且在并入罗马之前，这些民族在政治上没有独立的地位，使得双方不可能在平等的基础上签订协议，所以罗马的解决方案就是接受他们的现状，不做任何改变。① 而当时的现状就是，西西里西南地区、科西嘉和撒丁岛上有一些迦太基的城市，是商业据点、军事堡垒，居民都是迦太基的国民或随从，但没有地方政府管理。岛上居民以前向迦太基缴纳贡品以示服从。② 迦太基投降后，这些领地归罗马所有。罗马由此取代了迦太基，成为这里的统治者。当地人像以前一样生活，只是把税收改交给罗马了。由此，行省成为了罗马的财产，行省人民成为罗马人的臣民。③

　　行省情况与意大利城市不同，自然需要不一样的管理方式。由此，在第一次布匿战争结束后，一种新的措施开始实施。公元前 227 年，罗马选出四名大法官，他们通过抽签，决定两个人去新征服的地区，两个人留在罗马城里。前往新征服地区的，一名被派到西西里，另一名到撒丁尼亚和科西嘉。他们分别是盖尤斯·弗拉米尼乌斯（Gaius Flaminius）和马尔库斯·瓦勒尔尤斯（Marcus Valerius）。④ 这是罗马行省制的开端。

---

① ［美］M.罗斯托夫采夫：《罗马》，邹芝译，上海人民出版社 2014 年版，第 65 页。

② ［美］M.罗斯托夫采夫：《罗马》，邹芝译，上海人民出版社 2014 年版，第 64 页。

③ 杨共乐：《罗马史纲要》，商务印书馆 2007 年版，第 64 页。

④ 郑殿华：《论古代中国郡县制与罗马行省制的形成》，北京师范大学博士毕业论文，1994 年，第 50 页。

随后，罗马在西班牙也采取同样的措施，建立了近西班牙和远西班牙行省（公元前 197 年），因为西班牙也是从迦太基治下转到罗马的。①

行省的管理制度虽然出现了，但它没有成为一个成熟的定制。当罗马面临新的挑战时，对行省的管理办法便随之发生变化。在地中海东部，当罗马遇到文化水平更为发达的被征服者时，就采取了不同于西西里和撒丁尼亚的策略——"希腊君主所采用的政府管理模式被罗马人所承袭。在这里，执政官取代了君主的位置，君主敕令和律法被执政官的'告示'所代替并具备法律效力，执政官依据自己制定的法规来管理人民。不仅如此，他同样还是最高司法官，当行省内部对地方法庭审理的案件表示不满时，其可以诉诸执政官。这里也有些特定城市，它们曾是罗马的联盟，但是在罗马将该地区改为行省后，它们仍然保留以前的地位，并没有纳入行省的管辖范围。"②

罗马派驻各行省的最高长官为行省总督，是罗马过去没有，后来逐步发展出来的高级行政长官。最初元老院通过增选有兵权的行政长官，把他们派往行省来行使管辖权。早期总督与罗马其他行政长官一样，任期一年。随着罗马对外扩张，新行省的不断增设，对新增领土管理的要求也越来越高。罗马城

---

① ［美］M.罗斯托夫采夫：《罗马》，邹芝译，上海人民出版社 2014 年版，第 65 页。

② ［美］M.罗斯托夫采夫：《罗马》，邹芝译，上海人民出版社 2014 年版，第 66 页。

邦式的政体结构，高级行政长官的人数已无法满足日益庞大的帝国的运转需求。罗马因此发展出新的管理办法，"即延长在职官员的任期年限，让任职期满的执政官和行政长官继续掌握原先授予他们的一切大权；或卸任后，派他们到各行省去任总督或到外地去带兵打仗。这种官员称为执政官级（Proconsul）指挥官，或行政长官级（Propraetor）指挥官"。这成为后来行省总督的主要委派方式。①

　　总督在行省的权限比较广泛，通常集军事、民事、司法和行政等权力于一身。总督之下设财务官、特使、基层军官和总督的随从等辅助人员。这些人员同样没有严格的军事、民事、司法和行政职能上的划分。"虽然许多官职一定时期有其相对固定的管理领域（provincia），但这主要是根据惯例或元老院（有时也是高级长官对其下属）的分配，而并非这些官职的性质所决定。我们不能把政法官（praetor）的职权领域确定为司法；也不能把财务官（quaetor）的职权领域完全限定在财务；市政官（adlilis）的职权虽相对明确，但也附带了相应的司法权。"②

　　财务官是总督之下最重要的官员，职责主要但不仅限于掌管行省财政，一般每个行省设置一名（西西里有两名）由元

①　李雅书、杨共乐：《古代罗马史》，北京师范大学出版社 2010 年版，第105 页。
②　陈可风：《罗马共和时期的国家制度》，东北师范大学博士学位论文，2004 年，第 138—139 页。

老院抽签委派，总督无权直接任命。"当离开罗马时都市财务官（quaestores urbani）从国库给他们分立出相对独立的专项小金库，用于行省管理经费的支出和接受行省税收收入。他们卸任前必须就各项收入和支出向都市财务官呈报账目。在其职权领域，财务官也有相应的司法权。此外，总督也可以委派他主持各种司法审判。作为总督助手，行省财务官实际上也可以招募军队、购置武器甚至在紧急情况下直接指挥军队。"① 除财务官外，行省总督之下还设有特使。特使表面上由元老院委派，但实际上的选派权掌控在总督手中。总督任命特使多是任人唯亲。特使的工作范围由总督指定，代表总督行使权力，或有功绩者也要记功于总督名下。特使不是罗马官僚体系中的正式官职，但权力很大，权责不明确，故而若胡作非为则必定会为害一方。② 行省还会有三名负责军事的基层军官——"联盟军指挥官（praefectus sociorum）、营地指挥官（praefectus castrorum）和工兵队长（praefectus fabrum）。这些基层军官可能具有相应的司法权或至少受总督委派可主持司法审判。"③ 此外，总督还配有随从和其他辅助人员协助其管理行省大小事务。

　　总督执掌行省之初的首件要务就是发布敕令（edictum），

① 陈可风：《罗马共和时期的国家制度》，东北师范大学博士学位论文，2004年，第144页。
② 陈可风：《罗马共和时期的国家制度》，东北师范大学博士学位论文，2004年，第145页。
③ 陈可风：《罗马共和时期的国家制度》，东北师范大学博士学位论文，2004年，第146页。

敕令涉及三方面内容："一是对包税商的政策；二是有关高利贷和债务的规定；三是关于行省城市自治方面的规定。"① 但各行省法规并不统一，在同一行省不同时期也并不相同。即便是在一个圈定的时间和地点范围内公布的规定，总督在具体执行的时候也未必严格遵守。② 罗马将行省居民视为被征服者。总督代替罗马政府管制这些异邦人，其主要任务就是替罗马剥削当地居民，将财富源源不断地输送到罗马。除了要承受形式各异的盘剥外，各行省都要执行的就是向罗马缴纳直接税和间接税。收税的工作由包税商承包。他们向罗马预付一笔款项后，就有权向行省居民收取钱财，从中获得大量的利润。重利之下必有为非作歹之举，但行省总督一般对此视而不见。更重要的是，在后期罗马公民也可以担任包税商后，总督与包税商则更加沆瀣一气，联合起来对行省居民进行敲骨吸髓的压榨，给行省带来了严重的伤害。③

　　元首制建立后，罗马对行省的管理制度发展到较为规范、成熟的水平。公元前 27 年，屋大维获得了一个"大范围"行省总督职权，接受元老院的委托治理部分行省。元首对行省的控

---

① 陈可风：《罗马共和时期的国家制度》，东北师范大学博士学位论文，2004 年，第 140 页。

② 参见郑殿华：《论古代中国郡县制与罗马行省制的形成》，北京师范大学博士毕业论文，1994 年，第 53 页。

③ 参见郑殿华：《论古代中国郡县制与罗马行省制的形成》，北京师范大学博士毕业论文，1994 年，第 62 页；陈可风：《罗马共和时期的国家制度》，东北师范大学博士学位论文，2004 年，第 140 页。

制加强。屋大维将行省分为元首省和元老院省。元老院省不需驻军，元首省需要驻军。元老院行省包括：西西里岛，萨丁尼亚岛和科西嘉岛，那尔旁·高卢，伊比利亚半岛南部的柏提卡地方，相当于希腊北半部的马其顿行省，相当于希腊南半部的阿卡亚行省，小亚细亚西部的亚细亚行省，小亚细亚北部的比提尼亚行省，是克里特岛和塞浦路斯岛，埃及西边的昔兰尼加地区，阿非利加行省，努米底亚行省。① 元首行省包括：伊比利亚半岛西部的卢吉塔尼亚行省，伊比利亚半岛东部的希斯帕尼亚·塔拉哥南西斯行省，南法以外的高卢全境（后来这块地方又被分成 3 个行省），伊里利亚、达尔马提亚地方，小亚细亚东南部的西里西亚行省，叙利亚行省。② 埃及是元首特区。元老院省和元首省有时也会发生变化。元首省不需驻军的时候，元首会将其变为元老院省交给元老院管理，如塞浦路斯、西班牙等。

元首制建立后，行省边界得到确定，地位更加明确。行省总督仍从任满的执政官和行政长官中任命，但强调正规出身和逐级晋升。元老院省总督在候选人中抽签产生，任期 1 年，阿非利加行省和亚细亚行省由卸任的执政官担任，但必须在任满10 年后才能就职；其他元老院省可由卸任的行政长官担任总督，须任满 5 年后就职。元首省的总督由元首亲自选派，代表元首管理行省，任期由元首决定，一般为 3 年。③

---

① 杨共乐：《罗马史纲要》，商务印书馆 2007 年版，第 190 页。

② 杨共乐：《罗马史纲要》，商务印书馆 2007 年版，第 191 页。

③ 杨共乐：《罗马史纲要》，商务印书馆 2007 年版，第 190—191 页。

元首加强了对总督的监管，防止其滥用职权。同时，元首还利用罗马四通八达的交通，及时了解行省的情况，处理行省事务。行省总督从政府领取薪酬，受政府监督。总督下设文官署，选聘有行政经验和专业知识者担任官员，代表罗马国家对行省进行管理。[1] 总督的首要职责是从罗马的利益出发，确保罗马在行省统治的稳定。大多数总督只关心自己荷包的充实和政治实力的拓展，并不在乎行省人民的实际需求。行省居住的罗马公民有较大的权力，可以上诉；但非罗马公民只能将总督视为军事、民事和刑事事务的最终裁定者。[2] 元首省的元首代理人在行省代元首行使管理之权，仅对元首负责，主要任务是为元首管理行省地产和税收。行省依然是罗马人的财产，罗马只关心能从中获得多少财富，对于它们是否繁荣并不感兴趣。[3]

综上所述，行省是罗马海外扩张的结果。而对行省的管理制度，则是罗马对这些被征服地区进行压榨的工具。行省制度从一开始就是为应对新形势而制定的权宜之计，随着罗马对外征服的步伐，该制度也在不断地进行调整以适应新的需求。罗马在行省的机构设置十分简陋，正式的公职人员数量一般也很少，权责分工并不明确。作为罗马在行省的代理人，总督的权力没有得到很好地约束。元老院对总督缺乏有效的监督机制。

---

[1] 李雅书、杨共乐：《古代罗马史》，北京师范大学出版社 2010 年版，第 209 页。

[2] 参见［英］约翰·瓦歇尔：《罗马帝国》，袁波、薄海昆译，青海人民出版社 2010 年版，第 77 页。

[3] 正如罗斯托夫采夫对共和时期罗马行省的评价那样。见［美］M. 罗斯托夫采夫：《罗马》，邹芝译，上海人民出版社 2014 年版，第 67 页。

如此随意的机构设置和放纵的管理模式，必然滋生腐败。这正如陈可风先生对共和时期的罗马行省制的评价那样："尽管元老院、常设法庭（公元前149年后）以及行省居民在罗马的庇护人可在一定程度上对总督权力有所节制；但对手握兵权的总督来说，这种节制多少显得苍白无力。可以说罗马始终没有找到既能保证行省管理的有效性和连续性，同时又能对行省总督权力实行具有实效的节制办法。"①

2. 行省内城市管理制度

城市是罗马行省中比较发达的地区，它们统领着周围的乡村。② 罗马在行省的城市管理方式借鉴了其早期对意大利城市的管理模式——通过与地方城市签订协议，规定城市的权利和义务，从而将行省城市划分为不同类型和等级。所有的罗马行省城市可以分为两大类：非罗马城市和罗马城市。③

非罗马城市包括联盟城市（civitates foedteratae）、自由城市（civitates liberae）、拉丁城市（Coloniae Latinae）和纳贡城市（Civitates stipendiariae）。④ 联盟城市和自由城市都可称为"自由

---

① 陈可风：《罗马共和时期的国家制度》，东北师范大学博士学位论文，2004年版，第130页。
② 李雅书、杨共乐：《古代罗马史》，北京师范大学出版社2010年版，第209页。
③ 郑殿华：《论古代中国郡县制与罗马行省制的形成》，北京师范大学博士学位论文，1994年，第72页。
④ 参见陈其：《罗马行省制度概况》，《历史教学》1988年第6期；段光达：《罗马帝国早期行省城市等级制度及其特征》，《求是学刊》1993年第3期；郑殿华：《论古代中国郡县制与罗马行省制的形成》，北京师范大学博士学位论文，1994年，第72—73页。

城市"。所有联盟城市都是自由城市，但并非所有自由城市都
是联盟城市。区别在于联盟城市是与罗马签订有明确条约的城
市，条约是永久性的；而自由城市的地位则是通过罗马行省法
案或特别授予获得的，罗马有权取消或更改其地位。联盟城市
通常是免税的，不受行省总督的司法管辖，内部管理机构得到
保留，有独立的司法权。但联盟城市没有外交权。[1]"这类城市
主要存在于东方希腊化地区，且数量日益减少"。自由城市的
地位取决于罗马人民或罗马元老院的恩惠，具有不稳定性，帝
国时代这类城市地位有所下降，一些特权已徒有虚名。[2]自由
城市的权利与联盟城市相似，也有权使用自己的法律，处于总
督司法管辖权之外，且大多属于免税城市。它们都是受到优待
的城市，理论上在战时可以为罗马提供军事援助。[3]行省中大
部分城市属于纳贡城市。它们要向罗马缴纳直接税和间接税。
直接税由城市自己征收，间接税由包税商征收。这些城市也保
留自治机构，享有一定程度的自治权。但其自治程度受到罗马
法规和总督敕令的限制，在行省总督的权力控制之下。[4]

　　拉丁城市最初起源于意大利地区。意大利拉丁诸邦有在被

---

[1]　郑殿华：《论古代中国郡县制与罗马行省制的形成》，北京师范大学博士学
　　位论文，1994 年，第 72—73 页。

[2]　段光达：《罗马帝国早期行省城市等级制度及其特征》，《求是学刊》1993
　　年第 3 期。

[3]　郑殿华：《论古代中国郡县制与罗马行省制的形成》，北京师范大学博士学
　　位论文，1994 年，第 73 页。

[4]　郑殿华：《论古代中国郡县制与罗马行省制的形成》，北京师范大学博士学
　　位论文，1994 年，第 73 页。

征服地区建立殖民地的传统。早期的意大利拉丁城市，包含有原本的拉丁城邦和拉丁殖民地。殖民地与拉丁城的地位平等，很多殖民地的建立和移居都有罗马人的参与。它们有自治权,[①] 同罗马的关系非常近，城市立法与政治制度也与罗马相似，所以早期拉丁城市的概念具有种族和地理上的意义。但是，当罗马开始把这些拉丁城市所享有的权利也授予意大利以外的地区时，这种拉丁权就脱离了地理和种族意义上的束缚，抽象成一种法律层面的权利。这种权利在凯撒时代就已传入罗马西方行省。获得拉丁权的城市往往与罗马关系比较紧密，受罗马影响比较深。"在帝国时代，这种城市是获得罗马全权公民地位的过渡，是当地完成罗马化的标志。"[②] 这些非罗马城市的共同点是，拥有自治权，保留原有内部机构，有自己的政府组织，自己选举任命官吏，自己管理城市内部事务。除罗马货币以外，当地原有货币继续流通。[③] 不过这些城市的具体地位和权利是有差异的。

　　行省中的罗马城市包括殖民地（Coloniae）和自治市（Municipia）。殖民地多设在罗马征服地区的军事重镇，以退伍老兵殖民的形式出现。把土地分给退伍老兵的政策始于公元前 2 世纪的马略改革。马略当时规定：老兵退役后可以从国

---

① 关于拉丁城市的权利，见前文《罗马对意大利的管理制度》。
② 段光达：《罗马帝国早期行省城市等级制度及其特征》，《求是学刊》1993 年第 3 期。
③ 郑殿华：《论古代中国郡县制与罗马行省制的形成》，北京师范大学博士学位论文，1994 年，第 74 页。

家那里分得一块份地。但到了帝国初年，该政策终止。殖民地就蜕变成了一种法律等级的标志。罗马殖民地在行省城市当中享有最高政治地位和最高法律等级，被视为"罗马公社自身的一部分或一个分支"。殖民地的自治机构与罗马城邦基本一致，市民享有完整的罗马公民权，免交直接税。[①] 殖民地是行省城市所向往的最高地位。[②] 行省自治市的地位仅次于殖民地。[③] 自治市是行省中原来就存在的城市，被罗马兼并后获得了罗马公民权，但内部完全享有自治。行省很多城市都是自治市，它们内部建制与罗马城邦有着诸多相似之处，都拥有公民大会、元老院。[④] 行省中自治市和殖民地还是有明显差别的。殖民地是由罗马公民创建的，属于罗马公社的一部分，但自治市并非由罗马建成，原本是以城邦国家的政制形式组织起来的土著共同体，后被整体纳入罗马版图，并授予罗马公民权。[⑤] 罗马帝国时代，自治市被用来作为西方行省城市的

---

① 段光达：《罗马帝国早期行省城市等级制度及其特征》，第 105 页；郑殿华：《论古代中国郡县制与罗马行省制的形成》，北京师范大学博士学位论文，1994 年，第 74 页。

② ［英］约翰·博德曼贾斯珀·格里芬奥斯温·穆瑞编：《牛津古罗马史》，郭小凌等译，北京师范大学出版社 2015 年版，第 195 页。

③ 段光达：《罗马帝国早期行省城市等级制度及其特征》，《求是学刊》1993年第 3 期。

④ 郑殿华：《论古代中国郡县制与罗马行省制的形成》，北京师范大学博士学位论文，1994 年，第 74 页。

⑤ ［意］洛伦佐·伽利雅迪：《〈授予市民权的优流斯法〉的颁布背景及其实施效果》，朱少龙译，《苏州大学学报（法学版）》2018 年第 3 期。

标准形式。①

　　罗马行省城市情况比较复杂，各个城市享有的权力和地位都不尽相同。根据它们各自的权利，行省城市大致可做如下分级排序：殖民地城市、自治市、拉丁权城市、同盟城市、自由城市、纳贡城市。这些城市之间是没有隶属关系的，所有的等级都由其与罗马之间的关系决定。"行省城市均由罗马元首和元老院的代表——行省总督辖制，二者之间不存在任何其他约束机构。每个城市不论等级如何都分别与帝国保持着单元性的直接隶属关系。"②不同等级的城市受到中央的管理程度也不同，具有不同的义务和权利。但值得注意的是，罗马行省城市的等级不是固定不变的，而是开放式的。某城市除其天然的身份（是罗马人或是异邦人建立的）外，根据其罗马化的程度，对罗马的忠诚度，其地位是可以得到提升或遭到贬低的。行省城市的等级制度，既有利于罗马政体形式的推广，促进被征服地区的罗马化，又有利于罗马控制行省城市，将这些城市的关注重点从如何脱离罗马恢复独立，转向到追求成为高等级城市，进一步向罗马靠拢。③

　　总体而言，城市在各个行省成为当地事务的实际管理者和

① 段光达：《罗马帝国早期行省城市等级制度及其特征》，《求是学刊》1993年第3期。
② 段光达：《罗马帝国早期行省城市等级制度及其特征》，《求是学刊》1993年第3期。
③ 段光达：《罗马帝国早期行省城市等级制度及其特征》，《求是学刊》1993年第3期。

运行者。^①中央和行省对城市的管理有限而宽泛。罗马根据亲疏和忠诚度对城市进行等级划分，等级是开放式的，将城市笼络在一个罗马的管理网当中。各个城市转移了追求重点，已经不似早年间以自己独立的程度为荣，而是以更靠近罗马为荣。同时，以罗马为追求的榜样，越来越多的城市模仿罗马的建设和管理模式。这非常有利于促进行省城市的罗马化，使被征服地区被日益同化，越来越成为真正的罗马帝国的城市。这一切都有利于帝国整体上的稳定。但是，罗马对行省城市的管理依然非常宽松，地方城市的管理机构大多是以往的旧机构或旧贵族组成的。罗马通过城市中的贵族来进行统治，^②城市的具体事务不受中央直接掌控。在罗马强大的时候，成为罗马是地方城市的向往；然而，当中央式微，罗马走向衰落的时候，独立则成为它们的目标。

三、秦汉与罗马对地方治理特点之比较

秦汉和罗马都有其独特的地方管理制度，并在维护各自国家的统一和发展上产生了十分重要的影响。秦汉郡县制最大的作用之一就是加强中央集权和巩固国家统一。郡县制的机构设置整齐，人员职责明确，从中央到地方层层深入，使整个国家

① 祝宏俊：《罗马帝国初期的城市管理》，《历史教学》2004 年第 10 期。
② ［美］凯尔·哈珀：《罗马的命运：气候、疾病和帝国的终结》，李一帆译，北京联合出版公司 2019 年版，第 81 页。

的地方区域和人员情况牢牢掌握在中央的手中。正是由于郡县制的实行，中国保持了更长时间的统一。罗马通过地方城市管理制度的推广，逐步掌握了对意大利的统治权，并将其政治、法律制度推广到整个意大利地区。同盟战争之后，罗马公民权在意大利被广泛授予。罗马不再是一个小城邦，而是发展成了地域性的国家，代表了整个意大利。行省是罗马海外扩张的结果。作为罗马的一部分，行省的形成对罗马有着重要的意义。在经济方面，行省财富的注入，给罗马带来繁荣和富足，一方面让罗马公民享受到前所未有的福利，[①]另一方面使罗马政府更有力地掌控地中海地区的经济。在文化方面，行省是整个地中海地区罗马文化推广的重要平台。在政治方面，涌入罗马的行省财富，改变了罗马的产业结构、劳动力构成，从而改变了罗马的阶级结构。加之行省的不断增加，帝国的体量不断扩大，以元老院为中心的共和制度已无力对如此庞大的帝国进行有效治理，这一切都推动着罗马政体上的变革，使罗马踏上了迈向帝国的道路。总之，秦汉的郡县制与罗马的行省和地方城市管理制度，都是它们统治中央以外地区的手段，是维护国家稳定和发展的重要工具。

然而，秦汉王朝与古代罗马的地方管理制度，还存在着很

---

① 例如，罗马公民原本有义务缴纳直接税（按个人财产的一定比例），但随着行省的增多，大量财富涌入罗马，税收也摊派到行省头上。于是公元前167年，面向罗马人征收的直接税被废除。（［英］彼得·琼斯：《罗马帝国档案》，孙逸凡译，北方文艺出版社2015年版，第95页。）

大差异。这种差异在地方政策、地方机构设置和管理、地方官吏的职责以及民众的身份方面都有突出表现。

第一，在地方政策的稳定性上，秦汉郡县制要比罗马的地方管理制度更加稳定。秦汉的郡县制是在全国范围内统一推行。地方的行政体制做到了整齐划一，一旦确定，长久不变。从秦朝建立之初开始，就是已经发展成熟的定制。汉朝建立之后，地方的行政体制是对秦朝制度的继承。可见即便遇到朝代更迭这般巨大的政局变动，古代中国的地方管理制度都保持了长期的稳定性。另外，相对于"地方"，秦汉自立国之时便有了明确的"中央"。朝廷对地方有清晰的治理规则，地方管理政策均来自中央。地方官吏必须忠诚地贯彻中央朝廷的法令。

与秦汉不同，罗马的地方管理制度呈现出多样性和动态变化的特点。罗马的地方城市管理制度和行省制，最初都是因现实需求而诞生的应对性措施。而这些措施在日后发展过程中也没有形成固定不变的定制。罗马的地方管理制度总是在发生着变化。例如，罗马地方的最高长官——行省总督的任职情况就一直在发生变化。最初罗马只有两个行省总督，是元老院通过增设行政长官的方式来派出管理西西里和撒丁尼亚行省的负责人。但后续随着新的行省的建立，罗马又不得不随之增设行政长官。由于行省数量不断增长，罗马高级长官人数无法满足庞大帝国的需求，因而出现了延长高级行政长官职权以使之管理行省的政策。这一变通政策最初并无法律规范。至苏拉掌权时期，才出现了规范行省总督任命的有效法律，即《关于行省管理的科尔涅利亚法》（*Lex Cornelia de Provinciis Ordinandis*）。根据这项法律，卸任的执政官和行政长官加起来一共十位，分派到十个行省担任总督。凯撒掌权之后，直接控制行政长官行省总督的任命，而元老院只在名义上有委派执政官行省总督的权力。① 奥古斯都时期，行省又分为元老院省和元首省。元首省的最高长官已从总督变成了元首委派的代理人。

　　罗马在地方的具体的治理方案，也少有定制可循。当某地成为罗马行省的时候，一般由一名得胜的罗马将军在元老院派来的十人元老委员会协助下，对这新征服的地区制定一项基本的法规来确定该地区的行政管理方式，拟定新行省内城市或公社的法律地位、行政、司法、税收等方面的政策。因各地的历史情况相异，各行省法律也不同，没有形成统一的政策。在这个法规框架之外的具体事务，由前来上任的行省总督通过敕令（edictum）来决定。如前文所述，总督上任之初要公布敕令，就行省包税商、债务和城市管理方面做出规定。但这种规定也不是长期性政策，行省总督一般任期一年，而新上任的总督有权改变和废止前任总督所颁布的法令，自然也就破坏了行省政策的连贯性。② 此外，行省内的很多城市根据协约享有内部的

---

① 参见陈可风：《罗马共和时期的国家制度》，东北师范大学博士学位论文，2004 年，第 136—138 页。

② 上述相关内容参见郑殿华：《论古代中国郡县制与罗马行省制的形成》，东北师范大学博士学位论文，1994 年，第 51 页。

自治权利，但实际上他们是否能享有完整的权利，取决于总督是否愿意执行开明的统治。①

另外，与秦汉自立国便自然存在的中央不同，罗马城的中央地位是逐步形成的。最初，罗马在拉丁姆地区只是诸多拉丁城邦中的一员，尽管渐渐登上城邦联盟的盟主之位，甚至陆续征服了整个拉丁姆地区，但是早期罗马城与拉丁姆的城邦，乃至意大利地区的城邦，都是处于平等地位的。当意大利全部为罗马所征服，成为一个国家之后，罗马城代表了整个意大利，开始获得首都的地位。然而，需要强调的是，成为首都并不意味着成为国家的中央。以联邦的形式组成的罗马国家，每个城邦都享有较大的自治权。罗马对意大利的城市控制十分松散。多数城邦都可以自主管理内部事务，无需事事请示罗马城。因此，罗马尚不能称为国家的中央。直至罗马元首制早期，罗马作为整个帝国的中央的地位也还没有确定，元首在任期间频繁在帝国各地区巡视，对地方进行考察就说明了这一点。其中最典型的例子是元首哈德良。他在位时有一半的时间是在行省访问。他走过了罗马 44 个行省中的 38 个。② 但是，这种情况在他的继任者安敦尼乌斯（Antoninus）时出现了变化。与哈德良不同，安敦尼乌斯始终待在意大利。因为此时的罗马元首已经享有极大的权威，安敦尼乌斯特意待在罗马城，这样就可以接

① 参见陈可风：《罗马共和时期的国家制度》，东北师范大学博士学位论文，2004 年，第 141 页。

② 杨共乐：《罗马史纲要》，商务印书馆 2007 年版，第 220 页。

收来自四面八方的信息，而无需四处奔走考察了。①整个罗马帝国都明确地知道处理政务需向何处请示。这反映出此时罗马成为帝国的中央，元首就是中央的代表。

第二，在地方机构的地位上，秦汉王朝同一级别的地方机构都具有制度上的同等地位，而罗马的地方管理机构则地位各异。换句话说，同为行省，却地位不同，权利不同；同为地方城市，也各自承担不同的义务，享有不同的权利。在古代中国秦汉王朝，地方若划为郡（除开京畿地区的三辅、河南尹），则均是郡的地位和职责，其郡内职官也会基本相同。各郡的郡守、丞、尉的官级也是相同的。同样，全国县的地位也大体相同。虽然万户以上设县令，万户以下设县长，但县令、县长都是一县主管长官，职责相同。在正常情况下，地方上不存在某一郡（或县）享受高于其他郡（或县）的地位，如可以拥有更多的自治权利。

在古代罗马，情况就有很大的不同了。首先，不管是在早期的意大利，还是后来的行省，罗马的城市管理都具备明显的等级区分。如前文所述，罗马城市可以分为殖民地、自治市、联盟城市、自由城市、拉丁城市和纳贡城市等多个等级。虽同为罗马帝国的地方城市，但不同等级的城市需要承担的义务和享受的权利都不相同。这些城市所属等级的决定权在罗马手中。罗马根据地方城市与自己的亲疏关系和对自己的忠

---

① Michael Greant, *The Antonines: Roman Empire in Transition*, London: Routledge, 1996, pp. 14-15.

诚程度，来判定某一城市应属之地位。这些地方城市之间不存在隶属关系。每个城市都单独与罗马产生联系，保持单元性的隶属关系。① 罗马对地方的管理十分松散，没有像秦汉中央对地方的管控那样"一竿子插到底"。地方上大量城市都享有内部自治。不过，这种城市等级制度在维护罗马统一方面是有积极意义的。因为城市所属等级是开放的，各个城市若想获得更多的权利，就要对罗马表现出更高的忠诚度。因而，在罗马强大之时，这些被征服地区的城市的注意力从如何脱离罗马恢复独立，转向了如何靠近罗马，获得更多优待。其次，罗马的行省之间也有着巨大差异。根据古罗马史学家狄奥·卡西乌斯记载，奥古斯都将行省划分为元老院省和元首省：奥古斯都"向元老院归还了较弱小的行省，理由是这些地方态势和平，没有战争，而他则掌管强大的行省，理由是这些地方局势尚不安定，有很多危险，或是其边境有敌人环伺，或是他们自己可能发动严重的叛乱"②。元首省需要驻扎军队，而元老院省则不用。埃及作为帝国的粮仓，地位极为特殊，所以是元首特区。另外，就元老院省和元首省内部而言，行省也再次被划分为不同等级。"就派出官员而论，元老院行省中有执政官和大法官级，元首行省中有执政官级、大法官级、督查使级和行政长官

---

① 段光达：《罗马帝国早期行省城市等级制度及其特征》，《求是学刊》1993年第 3 期。

② Dio Cassius, *Roman History*, with an English translation by Earnest Cary, Cambridge, Massachusetts: Harvard University Press, 1917, 53. 12. 2.

级。"① 不同等级的行省总督，获得的待遇也不同。

第三，秦汉与罗马的地方机构本身也存在着很大区别。秦汉的地方管理机构有规定明晰的职官系统，官员分工明确，存在严密的监督机制。②如前文所述，秦汉的郡长官为郡守。郡守以下的官员可分为佐官和属吏。佐官由中央任命，分郡丞和都尉（秦时称尉）等。郡属吏由郡守任命。这些官吏均分工明确。郡守是一郡的最高长官，总揽郡中事务。郡丞辅佐郡守，必要时可代理郡守之职。都尉协助郡守处理军务。不仅佐官职责清晰，郡属吏的权限也很明确。"例如，功曹主选署功劳，包括郡吏的任免和赏罚。督邮负责巡察各县，为郡守提供属县治政的情况。户曹主管民户、祠祀和农桑"，等等。③ 同样地，郡以下的县、乡、里等行政机构的官员也都组织严密，权责清晰。

秦汉地方官员的权力来自于中央，受到中央的严格监督。自秦朝起，国家就建立了由中央直接控制的垂直监察体系，形成了由御史大夫、监郡御史、郡守和县令等组成的监察网络。这一监察网络后来到两汉时期又发展出了丞相（丞相史、丞相司直）、御史大夫(御史中丞)、刺史、司隶校尉、督邮制度。④

---

① 郑殿华：《论古代中国郡县制与罗马行省制的形成》，北京师范大学博士学位论文，1994 年，第 90 页。

② 参见瞿林东主编：《历史文化认同与中国统一多民族国家》第五卷，河北人民出版社 2013 年版，第 197—201 页。

③ 参见瞿林东主编：《历史文化认同与中国统一多民族国家》第五卷，河北人民出版社 2013 年版，第 197—200 页。

④ 孟祥才：《中国历史·秦汉史》，人民出版社 2009 年版，第 85 页。

这种严密的监察制度，对于加强秦汉王朝的中央集权，巩固统治，澄清吏治起到了重要作用。对官吏政绩的考核，也是中央督查地方官员的重要手段。秦汉时期，对官员考核的主要方式为上计和考课。上计的层次分明，县上计郡、郡上计中央。上计内容涉及土地、人口、钱粮、治安等诸多方面，是中央控制地方官吏的主要手段。[①]"计"即"计簿"，是地方根据中央要求，每年按时将辖区内相关信息编辑为簿籍随同有关物资上交朝廷。中央由此评定地方官吏政绩。[②]"考课则是依郡国守相、县令长业绩，加以奖惩。朝廷考核郡国、郡国考核县令长，层次也是相当清晰的。"[③]

总之，秦汉的官职从中央到郡、县、乡、里，形成"条条"[④]系统。地方官职是中央权力的投射和层层细化，从而形成了金字塔形状的国家政权。最终一切权力统归中央，也就是皇帝手中。朝廷在地方管理机构分工明确、监管严格的基础上，通过郡、县各级单位把权力传递到基层，将全国各地有力地组织起来。

相比之下，罗马的行省管理系统则松散、随意得多。行省

---

① 瞿林东主编：《历史文化认同与中国统一多民族国家》第五卷，河北人民出版社 2013 年版，第 208 页。

② 绳克：《秦县运行机制研究——以出图文献为中心》，陕西师范大学硕士学位论文，2016 年，第 87 页。

③ 瞿林东主编：《历史文化认同与中国统一多民族国家》第五卷，河北人民出版社 2013 年版，第 209 页。

④ 阎步克编著：《波峰与波谷——秦汉魏晋南北朝的政治文明》，北京大学出版社 2009 年版，第 11 页。

总督最初是由罗马选出四名行政长官，然后通过抽签决定其中哪两人去行省任总督。随着行省的增多，元老院又安排卸任执政官和卸任行政长官在行省任职。但这亦非定制。对具体的个人而言，元老院可以委派他去行省，也可以不委派，没有相关的法律予以规定。虽然随着历史的发展，罗马陆续出现了一些旨在规范元老院派遣总督的权力的法律。但这些法律的影响力多是短期性的，而且在政治实践过程中依然不能有效地约束元老院的行为。例如，公元前 123 年，保民官盖乌斯·森普罗尼乌斯·格拉古（C. Sempronius Gracchus）提出的《关于执政官行省的森普罗尼亚法》（*Lex Sempronia de Provinciis Consularibus*）就对元老院任命行省总督的权力进行了限定。该法律规定，元老院要在执政官选举前就确定其卸任后要前往的行省，想要以此防止总督任命的过程中存在利益交换。但在现实当中，元老院预测谁会当选为执政官并不难。[①] 因而此项法律无法发挥预期作用。

　　总督之下，行省的其他官员的任命也缺少严格规范。在总督下属中，最重要的官员是财务官。财务官一般由元老院抽签产生。作为主管行省财政、军务等重要职能的官员，财务官与总督之间却有着超乎同僚的亲密关系。"除了职务上的关联外，财务官和行省总督之间还被视为存在某种类似亲情的关系。……罗马传统上习惯把总督当作财务官的父亲看待。行省

---

① 陈可风：《罗马共和时期的国家制度》，东北师范大学博士学位论文，2004 年，第 135—136 页。

财务官冒犯、特别是控告总督被认为是大不敬行为，因此要遭到道义上的谴责。"① 这种观念使得原本有利于反腐和限权的分工变得暧昧不明。除财务官外，总督之下还有一些特使。特使表面上由元老院派遣，但总督可以预先向元老院指定他希望派去的特使。因此特使的任命权掌握在总督手中。总督可以任人唯亲。行省特使，多为总督的亲朋好友。另外，陪同总督前往行省的还有一些随从。这些随从会负责一些具体工作，其酬劳由国家支付。随从的人选也由总督决定，故而多为总督的年轻亲友。② 由于行省是罗马重要的经济来源，罗马官员可以在行省攫取大量财富。所以罗马权贵将成为特使和随从被派遣到行省，视为一种福利和年轻人在登上罗马政坛之前的绝佳锻炼。因而这些人一来到行省，就着手搜刮行省民脂民膏。可见罗马对地方的管理态度，较古代中国秦汉时期对郡县的管理而言，明显缺乏严肃性。

罗马在行省的管理机构非常简单。行省官职虽有严格的等级区分，却没有明确的职能分工。由于行省多是被罗马武力征服地区，所以为了提防行省居民的反抗，行省驻有大量军队。早期行省总督，一般都领有军权。因而行省总督是行政、司法、军事权力一把抓。总督之下的官吏分工也不明晰。如前文

---

① 陈可风：《罗马共和时期的国家制度》，东北师范大学博士学位论文，2004 年，第 144—145 页。

② 陈可风：《罗马共和时期的国家制度》，东北师范大学博士学位论文，2004 年，第 145—146 页。

所述，行省财务官的职权不仅限于财政领域，也握有一些司法权和军权；行省的基层军官除了军事领域的权力外，还具有相应的司法权，或受总督委派主持司法审判；行省特使既可以负责总督分派的任务，也可主持民事案件的审判。①

罗马将行省视为被征服的战利品，只关心行省是否服从统治和缴纳税款。因而，元老院只对总督进行宏观上的指导和监督。一般而言，行省总督只需上任前接受元老院的指令，遵从元老院提出的基本原则和任务，卸任后返回罗马向元老院呈递报告即可。总督在行省具体的施政方式，元老院不会过问。②这就使总督的权力缺少有效制约，给行省官员滋生腐败提供了土壤。对于一些总督过分贪婪的行为，当行省居民无法忍受时，是可以寻求法律保护的。罗马也先后出台了一些法令来节制总督的权力。然而，司法权掌控在罗马人手中，作为"异邦人"的行省居民依然"不容易给自己的冤情寻得公正的解决。对于机构完备和有钱的希腊城市而言，这种上诉程序是可能的，但对于那些居住在城外的大多数居民而言，这样的尝试无疑是徒劳的"。③所以，总督很少真正受到审判。

另外，总督的军权也缺乏有效监督。早期行省总督其实

---

① 陈可风：《罗马共和时期的国家制度》，东北师范大学博士学位论文，2004 年，第 144—146 页。

② 陈可风：《罗马共和时期的国家制度》，东北师范大学博士学位论文，2004 年，第 146—147 页。

③ ［美］M. 罗斯托夫采夫：《罗马》，邹芝译，上海人民出版社 2014 年版，第 67 页。

是派驻行省的将领，为罗马镇守住新征服的领地。元老院决定总督统领军队的规模并提供军费。[①] 共和末年行省总督的任职时间开始延长，加之远离罗马，易脱离元老院控制。而且，马略军事改革之后，"一些握有军队且野心勃勃的军队统帅在行省大量安置自己的老兵且分给士兵一些掠夺物"[②]，士兵与将领之间关系越来越密切，军队的利益越来越依赖于带兵的将军，而不是千里之外的元老院。这为总督割地自据创造了条件。例如，凯撒在执政官期满后出任山南高卢和伊利里亚总督五年，在高卢地区取得了一系列胜利，控制了高卢部落。公元前56年，凯撒、庞培、克拉苏在埃特鲁利亚北部的路卡城会面。会议决定凯撒在高卢再出任五年总督，并将军队扩大为十个军团。凯撒的任期一再延长，兵权不断加大，虽然都是"前三头"操纵的结果，但是路卡城之会，"陪同他们的元老有200余名，官员侍从达120人"[③]，可见这次会议的本身及其决议是合法的，罗马并不存在相关法律条例来约束总督的权限。"元老院不仅谈不上对行省的控制，其自身的独立和安全也受到威胁，并最终也卷入了党争，成为党争的工具。"[④]

---

① 陈可风：《罗马共和时期的国家制度》，东北师范大学博士学位论文，2004年，第146页。

② 杜建军：《罗马帝国行省制度研究》，湖南师范大学硕士学位论文，2002年，第8页。

③ 杨共乐：《罗马史纲要》，商务印书馆2007年版，第154页。

④ 陈可风：《罗马共和时期的国家制度》，东北师范大学博士学位论文，2004年，第147页。

这次会议除了通过了关于凯撒的决议外，还批准克拉苏出任叙利亚总督五年，庞培出任西班牙总督五年。克拉苏在东部与帕提亚人的战争中被杀后，元老院与庞培走到了一起。公元前49年，凯撒与庞培决裂，率军渡过卢比孔河。卢比孔河是意大利与行省的界线。凯撒这一行为意味着对罗马宣战。原本行省总督有着非常宽松的自由，只要其行为不越出行省地域范围，罗马元老院一般都不予过问。正是如此缺乏监管，终致有一天行省军队尾大不掉。凯撒作为行省总督，在没有元老院授权的情况下，违规跨出行省的界线，将军队指向了罗马自己。

　　元首制时期，罗马加强了对总督的监管。奥古斯都将行省分为元老院省和元首省，区别在于是否驻军。需要驻军的行省为元首省，由元首亲自选派代理人执行对行省的管理。这样，元首就将行省军权牢牢掌握在自己手中。解决了总督拥兵难控的问题。元老院省依然沿用共和时期的办法，派遣卸任的执政官和行政长官为总督进行管理。但阿非利加和亚细亚省总督由元首指派的卸任执政官担任。行省总督有丰厚的薪金，以防止他们贪污。总督以下的办事人员也形成正式的官署，官员都是有经验和专业知识的管理人才。元首可经常派遣监察御史到各省巡查。"提比略时代被控告的总督较多，被控告者多来自元老院省总督，因为元首省受监督更严，往往不等发展到严重的程度，便已被免职。被控告者都会受到高等法庭审判，其处分主要有：罚款、没收财产、开除出元老院以及流放等。"①

　　尽管元首制时期行省的管理更为成熟，监督也较共和时期严密，但罗马行省与秦汉郡县制相比还是自由、松散得多。行省内部的变化不大，作为行省内部的基层机构，各类城市依然保有极大的自治权利。虽然各个城市享有的权利不尽相同，但大多数城市都可以自己制定法律、审理案件、任免官员等，只是城市等级越高，享有的权利就越大。罗马对地方城市的限制，主要集中在军事和外交问题上。对于地方人民而言，城市才是真正的政府，切实地决定并执行着一方水土的管理之权。②自奥古斯都始，罗马的官僚体系虽有所发展，但直到公元 2 世纪，帝国常规职官资源仍然有限。③职官体系的不完备，官员群体的不够庞大，使得罗马对地方的管理始终没有建立如秦汉那样金字塔般严密的机构，罗马帝国也最终没能形成如秦汉那样的大一统局面。

　　第四，中国秦汉时期郡县的官员和百姓，与西方古代罗马的行省官员和居民的身份性质有着很大的区别。秦汉时期的地方官受朝廷委任，对中央负责。他们的任务十分明确，那就是服从中央统一指挥，代替朝廷管理地方，组织管辖地方的社会生产，负责辖区内司法、安保等工作。地方官员需关注基层吏

---

① 杨共乐：《罗马社会经济研究》，北京师范大学出版社 2010 年版，第 213—214 页。

② 参见祝宏俊：《罗马帝国初期的城市管理》，《历史教学》2004 年第 10 期。

③ 宴绍祥：《与距离斗争：波斯、罗马与秦汉帝国的中央集权和地方自治》，《史学理论研究》2016 年第 3 期。

治、民生，不得贪腐，否则必会受到朝廷的处罚或贬斥。他们的身份是中央命令的执行者，是地方百姓的管理者和庇护者。

秦汉时期的吏治奖惩标准，可清晰地反映出身为地方官员，当职者所应担负的责任和规避的错误。例如，汉武帝时建立刺史制度，将全国划分为十三个州部，每州派部刺史一人，负责监察州部之内的郡县。刺史每年八月巡视郡国，"以六条问事"来监督地方官员。[①] 这"六条"便是："一条，强宗豪右田宅逾制，以强凌弱，以众暴寡；二条，二千石不奉诏书、遵承典制，倍（背）公向私，旁诏守利，侵渔百姓，聚敛为奸；三条，二千石不恤疑狱，风厉杀人，怒则任刑，喜则淫赏，烦扰刻暴，剥截黎元，为百姓所疾，山崩石裂，袄祥讹言；四条，二千石选署不平，苟阿所爱，蔽贤宠顽；五条，二千石子弟恃怙荣势，请托所监；六条，二千石违公下比，阿附豪强，通行货赂，割损正令也。"[②] 除第一条是监督"强宗豪右"的以外，后面的五条都是针对"二千石"，即官阶属于二千石的郡国官员。总览这六条内容，可以看到汉朝地方官员必须恪尽职守、遵守法纪、任人唯贤、清廉自律、关心百姓。总之，他们所做的事情必须符合"父母官"的身份，不得任性妄为，盘剥地方。

秦统一六国之后，没有把六国人民和少数民族视为被征服者。王朝之下，所有地区平民都是皇帝的臣民，都具有制度上

---

① 林剑鸣：《秦汉史》，上海人民出版社 2019 年版，第 333 页。
② 《汉书·百官公卿表》颜师古注引《汉官典职仪》（转引自林剑鸣：《秦汉史》，上海人民出版社 2019 年版，第 334 页。）

同等的地位。秦朝"使黔首自实田",自由民都被称为"黔首"。秦人不具有特殊地位,其他六国遗民与少数民族人民也都可以参与政治。"西汉时期有'编户齐民'之说。《史记·高祖本纪》载吕后语:'诸将与帝为编户民',意为高祖与手下诸将起兵前皆为平民百姓。《史记·平准书》:'汉初……齐民无盖藏。'此所谓齐民亦指平民百姓。'编户民'与'齐民'合称为'编户齐民'。《汉书·高帝纪》颜师古注曰:'编户者,言列名次也。'《汉书·食货志》颜师古注引如淳云:'齐,等也,无有贵贱,谓之齐民。''齐民'意思为居民的社会地位是一样的。"①

　　古代罗马与中国秦汉在这方面也有很大不同。罗马行省总督是罗马人的代表,对行省的管理是对元老院和罗马公民集体负责,是由元老院派遣到被征服地区去为罗马攫取财富和资源的代理人,代表罗马公民集体镇压被征服的异邦人,是一个群体压迫另一个群体的工具。总督旨在从行省掠夺财富来供养罗马本土。行省财富源源不断地注入,给罗马带来前所未有的繁荣和富足。公元前2世纪,罗马国库每年有四分之一的收入来自行省公共土地的税收。②从这个角度看,总督很好地充当了罗马的敛财者的角色。只要能给罗马本土带来利益,元老院并不在乎总督在行省如何压榨居民。

① 瞿林东主编:《历史文化认同与中国统一多民族国家》第五卷,河北人民出版社2013年版,第174—175页。
② 宫秀华、孙敏:《略论罗马国家对行省的盘剥》,《东北师大学报》2004年第2期。

总督本身也将自己的职务视为"金矿。"① 根据罗马传统，公职人员在国内任职没有报酬，但在意大利以外地区工作则可享受国家拨给的经费。至共和末叶，到行省任职则变成了罗马上层人补偿在国内政治活动的花销，以及储备日后费用的重要途径。② 搜刮行省是罗马官员的常态。公元前 123—前 122 年，盖约·格拉古在撒丁尼亚行省担任财务官。他回到罗马后，当众宣布说："他是在军队中唯一一个满着钱袋去，空着钱袋回的人；别人都是喝光了带到撒丁尼亚去的酒，然后带回了装满金钱的酒桶。"③ 凯撒也是在公元前 61 年就任西班牙任总督后成为富豪的，而他在出发前还曾因债台高筑而不能启程，因为债主恐其死在任上而无人还债。

总督对行省居民的生产情况并不在意，其工作重点是压榨、盘剥行省居民，因此给行省带来了极大的伤害。塔西佗记载殖民地人民对罗马的控诉，一位名叫卡尔伽库斯的不列颠酋长在一次演说中说："我们以外不再有别的部落了，除了波涛，除了岩壁，就是有那比波涛、岩壁更为可怕的罗马人，就只有那即使你卑躬屈膝也逃不了他们的压迫的罗马人了。那些蹂躏世界的强盗！陆地已经被他们糟蹋得干干净净，他们现在又要

---

① ［美］M. 罗斯托夫采夫：《罗马》，邹芝译，上海人民出版社 2014 年版，第 67 页。
② 杨共乐：《罗马社会经济研究》，北京师范大学出版社 2010 年版，第 209 页。
③ 杨共乐：《罗马社会经济研究》，北京师范大学出版社 2010 年版，第 209 页。

到海上来抢劫了。如果他们的敌人是富足的，那他们就贪得无厌地掠夺敌人的财物；如果他们的敌人是贫穷的，那他们就千方百计地把敌人置于他们的魔爪之下；东方也好，西方也好，哪儿都不能使他们感到餍足。全人类中也只有他们才对无论穷富的人都怀着同样的贪心。去抢、去杀、去偷，他们竟把这些叫做帝国；他们造成一片荒凉，他们却称之为天下太平。"①此外，普鲁塔克也记载了行省人民遭遇的不幸："难以置信和形容的不幸在这个行省四处蔓延。它的人民被收税人和放债者掠夺，沦为奴隶。不少人家被迫卖掉他们清秀的儿子和处子之身的女儿；各个城市也被迫卖掉奉献的祭品、画作和神圣的雕像。最后，人们不得不屈服于债主，成为他们的奴隶。"②出现这种情况，并非由于所有出任总督的人都是贪婪之徒，而是因为罗马眼中的行省就理应是被剥削的对象，元老院对于总督压榨行省是默许的，压迫行省乃是总督职责之一。正如 M. 罗斯托夫采夫所总结的那样："罗马不大考虑它的新领土的繁荣。爱琴海和黑海上的海盗不断增多，这便是一个明显的证据，这些海盗在希腊世界中严重地阻碍了经济状况的正常发展。而罗马的统治却一天比一天更自私。罗马的行省长官和资本家可以说是毫无顾忌地在各行省中渔利，他们通常是以最自私的精神

---

①　[古罗马] 塔西佗：《阿古利可拉传　日耳曼尼亚志》，马雍、傅正元译，商务印书馆 2015 年版，第 22—23 页。

②　Plutarch, *Lives, Lucullus*, with an English translation by Bernadotte Perrin, Cambridge, Massachusetts: Harvard University Press, 1914, 20. 1-2.

和为了自身的利益来这样做。"①

与秦汉的"齐民"不同，罗马帝国居住在行省的人民地位是高低不等的。首先，在行省当中，罗马人地位自然是最高的。行省是罗马国家征服的地区，罗马人在这里是胜利者的姿态，对待行省如同战利品一般。从法律的角度而言，罗马平民与行省总督同为罗马公民。尽管总督在行省拥有极大的权力，但当总督处事不公时，罗马公民有权上诉，对其发起控告。这个权力是行省人民所没有的。罗马公民有公民权，可以服兵役，也可以参与罗马政治生活，不用纳税。行省居民没有公民权（或完整的公民权），不能参军，不能参政，但有纳税的义务。

行省人民内部也存在着地位上的差异。首先，行省人民属于哪个城市，其身份地位也就先天地被决定了。如前文所述，行省城市被划分为多个等级，不同等级的城市享有不同程度的自由，从而也就决定了其城市人民拥有权利的多少。城市地位越高，其人民享有的公民权就越多。有时，罗马会根据自身需要而把公民权授予行省人民。例如，奥古斯都时曾将公民权授予整个西班牙。这使得西班牙行省的人民有权参与政治，甚至跻身于元老院。除此之外，行省人民还可以通过个人努力来改变自己的地位，比如说"通过担任特许城镇的库利亚阶层，或担任一个及一个以上的地方官职；还有一种方式就是参军，元

---

① ［美］M. 罗斯托夫采夫：《罗马帝国社会经济史》，马雍、厉以宁译，商务印书馆 2009 年版，第 23—24 页。

首制下的大多数辅军战士在退伍后被授予公民权"。①罗马就是这样以公民权为工具，鼓励地方城市提高对罗马的忠诚度，吸引行省人民对罗马公民身份产生向往。罗马利用公民权编织了一张统治网络，将行省人民置于这个网络的不同层级，分而治之，以成为"罗马人"来诱惑他们，使其服从罗马的统治。

小　结

秦汉王朝建立在统一基础之上，而罗马是建立在征服基础之上的，②因而罗马对地方的统治方式与秦汉大不相同。

自夏商周以来，中国就已形成了普遍认同的政治中心，③因而秦汉王朝的建立是为了将分散之部分重新合为整体，是回归统一之举。秦汉的统治，就是从政治、经济和思想文化方面，把境内众多地区和民族整合为秦汉境内的百姓，政府对不同民族（或不同地区的人）不存在歧视。因而，但凡境内之民皆应在政府统一管理之下。④而机构庞大而整齐的郡县制，正是秦汉王朝管理境内辖区和百姓的有效工具。既然统一之后不同地

---

① ［英］约翰·瓦歇尔：《罗马帝国》，袁波、薄海昆译，青海人民出版社2010年版，第80—81页。

② 瞿林东主编：《历史文化认同与中国统一多民族国家》第五卷，河北人民出版社2013年版，第174页。

③ 瞿林东主编：《历史文化认同与中国统一多民族国家》第五卷，河北人民出版社2013年版，第182页。

④ 瞿林东主编：《历史文化认同与中国统一多民族国家》第五卷，河北人民出版社2013年版，第174—175页。

区的居民和民族都同样是王朝的子民，不同的地域都属于国家的领土，则需给予同样的庇护和管理，故而郡县制内部存在着严密的监督机制和严格的考核制度。这无疑既有利于维护地方的稳定和繁荣，也有利于民族的统一和秦汉大一统局面的形成和巩固。

行省制是罗马对外扩张的结果。其扩张行为面对的对象多是原本已经存在的与罗马平等的独立城邦。这些城邦在罗马到来之前就已经形成较为完善的政治制度，有独特的语言、文化以及宗教信仰。这些城邦的独立性，在其化身为罗马的地方城市之后依然有所保持。例如，早期自治市与罗马之间的关系是对等的双边关系，自治市保留原有政府机构，并且需在满足一定条件的情况下，才会成为对方的公民。后期罗马派驻自治市的官员以指导性工作为主，涉及的管理范围亦极为有限。

就行省的土著居民而言，罗马的行为具有侵略性和掠夺性，行省总督是外来的专制君主，罗马包税商是敲骨吸髓的盘剥者。在罗马人看来，行省是投降者，其居民是异邦人。罗马元老院和官员将行省视为罗马人的财产，对行省是否昌盛没有兴趣，从行省榨取大量财富才是重点。与秦汉将郡县作为治理地方人民的工具不同，罗马将行省视为统治和压榨被征服地区人民的工具。由于罗马的行省具有征服性，故而行省居民具有更强的反抗性，所以行省总督的军政大权没有分离，长此以往罗马行省军队演变成个人专权和从事党争的有力工具。尽管在元首制建立以后，罗马在一定程度上对总督权力有所节制，对官吏的任命和考核也较以往严格，但罗马始终没有找到既能保证行省管理的有效性和连续性，同时又能切实约束总督职权的办法，更没有形成像秦汉郡县制那样全面而系统的管理体系。在服从帝国统治的表面之下，行省内部充分保留了原有的文化和管理模式，具有很强的自治性。罗马始终未实现秦汉那般的大一统。而当中央力量衰落时，行省随时会起而独立，令整个帝国陷入分裂。

结　语

　　秦汉王朝与罗马帝国在世界历史上都书写了辉煌的篇章。但此后，它们经历了不同的发展路向。秦汉王朝之后，中华文明经过魏晋南北朝的分裂时期，走向更高层次的统一，迎来了隋唐盛世，并一直保持着统一的趋势和持续的发展。自公元5世纪中后期西罗马帝国灭亡后至今，在原来罗马帝国的版图上再也没有出现过统一。这一问题值得认真思考。

　　秦汉王朝建立起一整套中央集权的政治体制，它对秦汉王朝及此后中华文明的连续发展产生了重大影响。秦汉王朝有规模庞大、体系完备精密的官僚体系。这一体系在"自下而上"与"自上而下"相结合并辅以其他多渠道的选官规则、对官员制度化考核与严密监督的保障下高效运行。而罗马国家尽管也有一套官僚体系，但直到帝国后期才逐渐完善起来。① 不过，

---

① 即便如此，有学者评价晚期罗马帝国的政府，"毫不意外"，它"远非完备"，"失控"、"低效"、"紊乱"与之相伴；而它的"成功之处，也不过尔尔"。见 Christopher Kelly, *Ruling the Later Roman Empire*, p. 2。

如何选官并进行有效监督，始终是罗马人必须面对又难以很好解决的制度化难题。

秦汉王朝和罗马帝国建立的基础不同。秦汉王朝建立在统一的基础上，而罗马帝国则建立在征服的基础之上。秦汉王朝的郡县高度认同和服从朝廷，中央对郡县直接管辖、严密监督、有效管控；罗马的行省（尤其是帝国境内的自治市）则具有较强的独立性，具有不同程度的自治权。秦汉王朝从中央到地方形成了一个有机整体，而罗马帝国则是一个松散的集合体。

秦汉王朝时期确立了皇位继承制度，在中国历史上影响深远。在这种制度下，尽管也会出现因争夺皇位而发生的冲突和斗争，但总体而言能够比较有效地保证权力相对平稳地交接和过渡。而罗马国家，无论在共和国末期，还是在整个帝国时期，都未能解决好权力过渡与交接问题。它成为导致罗马历史上发生混乱，甚至罗马帝国西部最终陷入分裂的不可忽视的因素。

秦汉王朝确立了以"儒法合流"、"儒法共治"为特征的主导治国思想。在此后中华文明的发展中，这一主导思想或主流意识形态，尽管也曾受到其他思想体系的冲击，但它始终占据主导地位。以朱庇特为中心的多神信仰、传统宗教，无论在罗马国家的政治生活，还是在公民的个人生活中都居于重要地位，成为罗马人的主导治国思想或主流意识形态。不过，在君士坦丁之后，尤其是在基督教的势力逐渐增强并最终成为国教之后，罗马人的传统宗教、多神信仰被基督教一神信仰取代，他们原有的主流意识形态丧失了，传统的罗马文明失去了精神支柱，其衰落也将不可避免。

从历史发展来看，秦王朝确立了中央集权的君主制度，汉承秦制，虽有更改，但中央集权制度更趋完备。汉以后历代王朝，不论其政权的组织形式如何变化，基本上都是秦汉时期中央集权制度的演变和发展。① 秦汉王朝的中央管理体系是其中央集权制度的重要组成部分，它奠定了中国古代封建王朝中央管理体系的基本框架，具有明显的稳定性。中国找到了适合自身发展的统治和管理模式，维持了连续性发展。而这种模式，也是保证国家在经历多次分裂后依然能够走向统一，并向更高水平发展的重要因素。

罗马国家由早期的王政过渡到共和制，由共和制过渡到元首制，最后由元首制过渡到君主专制，其政权组织形式和统治模式不断发生变化。罗马国家在发展过程中遇到"难题"，常常通过自上而下的调整来解决问题。这一方面表明，罗马人有优秀的自我调节和适应能力；但另一方面，统治模式不断变化，在某种程度上也意味着它的不稳定性。这在一定程度上说明，罗马人未能探索出一种适合自身发展的、稳定的统治和管理模式。罗马帝国最终无法摆脱陷入长期分裂

---

① 白寿彝总主编，高敏、安作璋主编：《中国通史》第四卷，上海人民出版社 1995 年版，第 807 页。安作璋、熊铁基：《秦汉官制史稿》，齐鲁书社 2007 年版，"绪论"第 6 页。

的命运。

　　罗马国家有自己独特的政治体制，无论在共和国时代，还是在帝国早期，它并没有成熟的官僚体系，中央层面，抑或是地方层面都是如此。罗马的行省或者自治市有更大的独立性，中央对地方的控制相对较弱，即便在罗马君主制建立之后，整个官僚体系达到比较成熟的阶段，与秦汉王朝相比，罗马帝国早期政府那种"低水平的中央集权和高度的地方自治"①，未能有根本改变，这让国家始终处于较为松散的状态。而即便这种政治体制，也没能很好地传承下去。罗马帝国西部崩溃后，原来的属地上建立了许多蛮族政权，他们有自己的体制模式。罗马帝国东部继续存在，成为后来的拜占庭帝国。它确实吸收了罗马帝国政治体制的因素，对原来帝国的政治体制有传承。但同一时期的萨珊波斯，后起的阿拉伯帝国，以及周边的蛮族人，不断压缩着拜占庭帝国的生存空间，拜占庭帝国的影响在不断减小，这就很难让它对原来的帝国体制和体系有很好的继承和进一步发展了。

　　秦汉王朝开创的中央集权的政治体制和治理体系，被后世王朝继承、发展，不断完善，一直承传下去。它犹如一座大厦，无论后来者何人居住、生活于其中，他们不是摧毁大厦，而只是在大厦内部进行改造、修补或重新装饰，大厦内部的结构或有改变，但其"骨骼"与基本的框架始终未有根

---

① Christopher Kelly, *Ruling the Later Roman Empire*, p. 1.

本变化。由秦汉王朝开创并贯穿于秦汉以降历朝的政治体制的"筋骨",使中华文明经历分裂的阵痛后走向更高层次的统一,而维持这种统一的关键因素,是中华文明连续发展不中断的支撑力量之一。

参考文献

一、中文文献

（一）著作

司马迁：《史记》，中华书局 2011 年版。

班固：《汉书》，中华书局 2011 年版。

范晔：《后汉书》，中华书局 2011 年版。

杜佑：《通典》，中华书局 2016 年版。

安作璋、熊铁基：《秦汉官制史》，齐鲁书社 2007 年版。

白寿彝主编：《中国通史纲要》，上海人民出版社 1980 年版。

白寿彝、高敏、安作璋主编：《中国通史》第四卷，上海人民出版社 2000 年版。

黄留珠：《秦汉仕进制度》，西北大学出版社 1985 年版。

李雅书、杨共乐：《古代罗马史》，北京师范大学出版社 2010 年版。

林存光主编：《中国政治思想通史·秦汉卷》，中国人民大学出版社 2014 年版。

　　林剑鸣：《秦汉史》，上海人民出版社 2019 年版。

　　刘文瑞：《中国古代政治制度·皇帝制度与中央政府》，中国书籍出版社 2018 年版。

　　吕思勉：《中国政治思想史》，北京出版社 2016 年版。

　　孟祥才：《秦汉史》，人民出版社 2009 年版。

　　孟祥才：《中国政治制度通史》第三卷《秦汉》，人民出版社 1996 年版。

　　瞿林东主编：《历史文化认同与中国统一多民族国家》，河北人民出版社 2013 年版。

　　谭其骧：《长水集》上册，人民出版社 2011 年版。

　　王小甫：《创新与再造——隋唐至明中叶的政治文明》，北京大学出版社 2009 年版。

　　王育民：《秦汉政治制度》，西北大学出版社 1996 年版。

　　阎步克：《波峰与波谷——秦汉魏晋南北朝的政治文明》（第二版），北京大学出版社 2018 年版。

　　阎步克：《察举制度变迁史稿》，北京师范大学出版社 2021 年版。

　　杨共乐：《罗马史纲要》，商务印书馆 2007 年版。

　　杨共乐：《罗马社会经济研究》，北京师范大学出版社 2010 年版。

　　杨共乐等：《古代罗马文明》，北京师范大学出版社 2019 年版。

袁波：《君士坦丁改革研究》，辽宁师范大学出版社 2011 年版。

朱诚如主编：《中国皇帝制度》，武汉出版社 1997 年版。

［英］爱德华·吉本：《罗马帝国衰亡史》（上、下册），黄宜思、黄雨石译，商务印书馆 1997 年版。

［英］安德鲁·林托特：《罗马共和共政治》，晏绍祥译，商务印书馆 2016 年版。

［古罗马］凯撒：《高卢战记》，任炳湘译，商务印书馆，1982 年版。

［俄］科瓦略夫：《古代罗马史》，生活·读书·新知三联书店 2011 年版。

［美］M.罗斯托夫采夫：《罗马》，邹芝译，上海人民出版社 2014 年版。

［美］M.罗斯托夫采夫：《罗马帝国社会经济史》，马雍、厉以宁译，商务印书馆 2009 年版。

［日］南川高志：《罗马帝国的衰亡》，王宗瑜译，中信出版社 2019 年版。

［古罗马］苏维托尼乌斯：《罗马十二帝王传》，张竹明、王乃新、蒋平译，商务印书馆 2000 年版。

［德］特奥多尔·蒙森：《罗马史》五卷，李稼年译，商务印书馆 1994、2004、2005、2014 年版。

［古罗马］西塞罗：《论法律》，王焕生译，上海人民出版社 2006 年版。

[美] 詹姆斯·哈威·鲁滨逊:《新史学》,齐思和等译,商务印书馆 2011 年版。

[东罗马] 佐西莫斯:《罗马新史》,谢品巍译,上海人民出版社 2013 年版。

（二）论文

段光达:《罗马帝国早期行省城市等级制度及其特征》,《求是学刊》1993 年第 3 期。

范秀琳、张楠:《〈尤里乌斯自治城法令〉译注》,《古代文明》2007 年第 4 期。

宫秀华、孙敏:《略论罗马国家对行省的盘剥》,《东北师大学报》2004 年第 2 期。

李大维:《公元 1—2 世纪罗马帝国的巡察机制》,《安徽史学》2017 年第 5 期。

[意] 洛伦佐·伽利雅迪:《〈授予市民权的优流斯法〉的颁布背景及其实施效果》,朱少龙译,《苏州大学学报（法学版）》2018 年第 3 期。

王桂玲:《罗马帝国早期官职研究》,《历史教学》2013 年第 16 期。

王振霞:《罗马帝国早期行省管理研究》,《历史教学》2009 年第 22 期。

杨共乐:《早期罗马宗教传统的特点》,《河北学刊》2008 年第 2 期。

袁波:《从元首继承制的特点看罗马帝国政体的转变》,《重庆社会科学》2007 年第 12 期。

祝宏俊：《罗马帝国初期的城市管理》，《历史教学》2004
年 10 期。

陈可风：《罗马共和时期的国家制度》，东北师范大学博士
毕业论文，2004 年。

绳克：《秦县运行机制研究——以出图文献为中心》，陕西
师范大学硕士学位论文，2016 年。

郑殿华：《论古代中国郡县制与罗马行省制的形成》，北京
师范大学博士毕业论文，1994 年。

周子鑫：《汉代皇帝生育问题研究》，吉林大学硕士学位论
文，2019 年。

二、外文文献

（一）著作

Ando, Clifford, *Imperial Ideology and Provincial Loyalty in the Roman Empire*, Berkeley: University of California Press, 2000.

Arnold, W. T., *The Roman System Provincial Administration to the Accession Constantine the Great*, London: Macmillan and Co., 1879.

Brown, P., *The World of Late Antiquity*, New York: Norton, 1989.

Bury, J. B., *The Constitution of the Later Roman Empire*, Cambridge: at the University Press, 1910.

Cassius, Dio, *Roman History*, Books 61-70, 71-80, with an

English translation by Earnest Cary, on the basis of the version of Herbert Baldwin of Forster, Cambridge, Massachusetts London, England: Harvard University Press, 1925, 1927.

Gellius, Aulus, *Attic Nights*, 14-20, with an English translation by John C. Rolfe, Cambridge, Massachusetts; London, England: Harvard University Press, revised and reprinted 1952.

Greant, Michael, *The Antonines: Roman Empire in Transition*, London: Routledge, 1996.

Hornblower, Simon, Antony Spawforth, Esther Eidinow, *The Oxford Classical Dictionary*, Oxford: Oxford University Press, 2012.

Jones, A. H. M., *the Decline and Fall of the Roman Empire*, History, New Series, Vol. 40, No. 140 (October, 1955), pp. 209-226.

Jones, A. H. M., *The Later Roman Empire284-602:A Social Economic and Administrative*, Oxford: Basil Blackwell, 1964.

Kelly, Christopher, *Ruling the Later Roman Empire*, Cambridge, Massachusetts, and London, England: the Belknap Press of Harvard University Press, 2004.

Levick, Barbara, *The government of the Roman Empire: a sourcebook*, Second edition, London and New York: Routledge, 2000.

Livy, *History of Rome*, Books 1-2, 8-10, with an English translation by B. O. Foster, Cambridge, Massachusetts; London, England: Harvard University Press, 1919, 1926.

Scheidel, Wlter, *Rome and China: Comparative Perspectives on Ancient World Empire*, Oxford, New York: Oxford University Press, 2009.

Strabo, *Geography*, Volume 8, with an English translation by Horace Leonard Jones, Cambridge, Massachusetts: Harvard University Press, 1949.

Tacitus, *Histories*, with an English translation by Clifford H. Moore, Cambridge, Massachusetts; London, England: Harvard University Press, 1925, 1931.

Tacitus, *Annals*, with an English translation by John Jackson, Cambridge, Massachusetts; London, England: Harvard University Press, 1931, 1937.

Walbank, F. W. A., E. Astin, M. W. Frederiksen and R. M. Ogilvie, eds., *The Cambridge Ancient History*, Second edition, VII, Cambridge, New York: Cambridge University Press, 2006.

（二）论文

Brown, P., "The Later Roman Empire", *The Economic History Review*, New Series, Vol. 20, No. 2 (Aug., 1967), pp. 327-343.Cary, M., "The Municipal Legislation of Julius Caesar", *The Journal of Roman Studies*, Vol. 27, 1937.

Crawford,M. H., "How to Create a 'Municipium': Rome and Italy after the Social War", *Bulletin of the Institute of Classical Studies*, Supplement, No. 71, 1998.

MacMullen, Ramsay, "Roman Bureaucratese", *Traditio*, Vol. 18 (1962), pp. 364-378.

Murphy, John P., "Roman Politics", *The Classical Journal*, Vol. 69, No. 1 (Oct. - Nov., 1973), pp. 77-81.

Pinsent, John, "The Original Meaning of Municeps", *The Classical Quarterly*, Vol. 4, No. 3/4 (Jul. - Oct., 1954).

Skinner, Alexander, "Political Mobility in the Later Roman Empire", *The Past and Present Society*, No. 218 (February, 2013), pp. 17-53.

后　记

　　这本小书能够顺利出版，首先要感谢潘岳先生和中央社会主义学院领导、老师的大力支持。从最初的选题策划，到书成文出版，潘岳先生一直关注着进展，并欣然为小书撰写长篇序言，令人感动！潘先生视野之宏阔、思想之深刻、语言之畅达、文化使命感之强烈，在本书的序言中体现得淋漓尽致，令后学敬佩！感谢杨共乐先生，从确定题目到架构和内容设定，再到书稿最终出版，杨先生多次组织讨论，始终耐心、细致、无私地给予指导并审读全文。这一过程中的每个环节，杨先生都倾注了巨大的心血。感谢凌文超教授阅读书稿并提出宝贵修改建议！还要特别感谢人民出版社编辑毕于慧女士为本书出版付出的辛勤努力！

　　本书的第一章、第三章由倪滕达负责撰写；引言、第二章和结语由武晓阳负责撰写。在撰写本书的过程中，借鉴、吸纳了前辈、时贤的研究成果，在此特表谢忱！

武晓阳

2023 年 6 月 6 日

责任编辑：毕于慧

封面设计：林芝玉

版式设计：汪　莹

图书在版编目（CIP）数据

秦汉政治与罗马帝国政治／武晓阳，倪滕达　著 . — 北京：人民出版社，
　2023.6

（文明互鉴研究丛书）

ISBN 978－7－01－023520－2

I.①秦…　II.①武…②倪…　III.①政治制度史－研究－中国－秦汉时代
　②罗马帝国－政治制度史－研究　IV.①D691.21②D754.69

中国版本图书馆 CIP 数据核字（2021）第 122758 号

秦汉政治与罗马帝国政治
QINHAN ZHENGZHI YU LUOMADIGUO ZHENGZHI

武晓阳　倪滕达　著

人民出版社 出版发行
（100706 北京市东城区隆福寺街 99 号）

中煤（北京）印务有限公司印刷　新华书店经销

2023 年 6 月第 1 版　2023 年 6 月北京第 1 次印刷
开本：710 毫米 ×1000 毫米 1/16　印张：16.5
字数：161 千字

ISBN 978－7－01－023520－2　定价：65.00 元

邮购地址 100706　北京市东城区隆福寺街 99 号
人民东方图书销售中心　电话（010）65250042　65289539